電通 美術回路 編

若林宏保
大西浩志
和佐野有紀
上原拓真
東成樹／著

アート・イン・ビジネス

ビジネスに効く
アートの力

有斐閣

アートは教養から，実践の時代へ

ビジネス界が注目するアート

　近年のビジネス界では，さまざまな文脈でアートに関する言葉が飛び交っています。「右脳を刺激するにはアートが必要だ」「これからはクライアントワークではなくアートワークだ」「デザイン・シンキングの次はアート・シンキングだ」「0 から 1 を生み出すアートの発想が必要だ」「アートに触れて美意識を磨け」「ビジネスとはまるでアートのようだ」などなど。こうしたフレーズをよく耳にするようになりました。

　VUCA と呼ばれる不安定（Volatility），不確定（Uncertainty），複雑（Complexity），曖昧（Ambiguity）な時代において，多くのビジネスパーソンは，"アート"という何か神秘的で特別な力を持った存在に魅かれているのかもしれません。その一方で，アートは何か良さそうだけども，アートとどう向き合っていくのか，アートをどう自分自身のビジネスに取り入れていけばいいのかわからない，といった声も聞きます。

　いずれにしろ間違いないのは，感度の高いビジネスパーソンたちのあいだで，「アートで何かやりたい」という人が確実に増えているということです。もはや教養としてアートを学んだり，思考法を参考にするだけでなく，アートをビジネスのなかで実践していこうという機運が高まっているといえます。

本書のねらい

　いま仮に，あるビジネスパーソンが，何かアートに関するアイデアを思いつき，実践したとします。しかし，その活動がいかに素敵なものであったとしても，単発的な取り組みで終わったとしたら，真のアート効果を実感することはできません。なぜなら，アート効果とは，長い年月を要し，じわじわと広がっていくものだからです。

私たちが中長期的にビジネスのなかにアートを取り入れていくならば，いくつかの問いについて考える必要があるでしょう。

・アートとは何か，それはどのようなアートを対象にするのか。
・なぜアートがビジネスに必要なのか。
・アートはビジネスにおいてどのような効果があるのか，それはどのようなメカニズムで働くのか。
・アートが取り入れられている企業と，そうでない企業にはどのような違いがあるのか。
・アートがもたらす効果を成果指標（KPI）として把握することはできるのか。
・アートをビジネスに取り入れることに成功した，優れた事例とは何か。
・アートとビジネスの関係は，どのような歴史的変遷をたどってきたのか。
・アートをビジネスの中に取り入れていくプロセスとはどのようなものか。

　本書では，これらの問いに対して，一つひとつ検討を重ねていきますが，それぞれの考察を断片的なものに終わらせず，統合的に体系化することに注力しました。したがって，本書は「アートをビジネスに取り入れるための理論と実践が融合したはじめての体系書」であるといえます。
　アートとどう向き合い，どのように自分らしく実践していくのか。アートに関心を持ち始め，何かやりたいと感じているビジネスパーソンに，さまざまな指針や気づきをもたらすことが，本書のねらいです。

ビジネスは，アートになる
　本書が提唱する「アート・イン・ビジネス」とは，端的にいえば「ビジネスにアートを取り入れること」を意味しますが，ここでは次のように定義されます。

> ビジネスパーソン一人ひとりが，ビジネスに「アートパワー（問題提起力／想像力／実践力／共創力）」を取り入れることで，ビジネスのあり方を問い，ビジネスに多元的な「アート効果（ブランディング／イノベーション／組織活性化／ヴィジョン構想)」をもたらし，ビジネスを通じて組織や社会を変革していくこと。

この定義に沿うように，本書のなかでは，さまざまな業界や業種のビジネスパーソンが登場します。彼らはそれぞれの人生の中でアートと出会い，アートとの個人的な体験を通じて，アートパワーを内在化しています。そのパワーが原動力となり，ビジネスに変化を起こしています。最初は，小さな変化かもしれませんが，やがては多元的な効果を生み出し，それらが連鎖することで組織や社会に変革をもたらしていくのです。

こうした実践における試行錯誤の数々は，私たちビジネスパーソンに大いなる知恵と勇気を与えてくれるでしょう。

100 人いたら 100 通りのやり方がある

本書で取り上げるビジネスパーソンたちは，広い視野と豊かな想像力で，利益を超えた価値を生み出しています。そしてその背景には，必ずといっていいほど，アートの存在や気配があるといえます。これらのアート・イン・ビジネスの実践は，アートに定型がないように，100 人 100 通りのやり方や考え方があると思います。そうした一人ひとりの小さな実践が結びつき，その結果，アート界とビジネス界が互いに刺激し合えるムーブメントが生まれるとしたら，こんなに素敵なことはありません。

「アートはビジネスに効くのか？」

本書がこの答えのない問いについて，みなさんと一緒に考え続けていくきっかけとなれば幸いです。

2019 年 11 月

美術回路　若林宏保

目　次

II　アート・イン・ビジネスの理論的背景と実践法

著者紹介

美術回路
美術回路とは，アートパワーを取り入れたビジネス創造を支援するアートユニットです。
https://www.bijutsukairo.com
kairo@dentsu.co.jp

若林 宏保（わかばやし ひろやす）
電通 クリエーティブ・ディレクター

　2009 年より「プレイス・ブランディング」をテーマに，全国各地において地域活性化プロジェクトを推進。さらに近年は現代アート美術館の広報支援活動など，アートをテーマにした作業も手掛ける。主な著書，論文に『地域ブランド・マネジメント』2009 年，有斐閣（共著），『プレイス・ブランディング』2018 年，有斐閣（共著），「アート作品の価値形成についての一考察」『マーケティングジャーナル』29(3)，2010 年。経営学修士（MBA）。

大西 浩志（おおにし ひろし）
東京理科大学経営学部准教授

　ミシガン大学ロス・スクール・オブ・ビジネスにてマーケティングの博士号を取得。2016 年 4 月より現職。ソーシャル・メディアのマーケティング活用を専門に研究を行っている。また，米国滞在中から現代アートに興味を持ち，マーケティング理論を使ってアートマーケットの科学的研究に取り組んでいる。日本オペレーションズ・リサーチ学会「事例研究賞」，ESOMAR Asia Pacific Conference「Best International Research Presentation Award」，Leo Burnett Fellowship など受賞。

和佐野有紀（わさの ゆき）
アートコミュニケーター／医師

　東京医科歯科大学医学部医学科卒業。都内病院にて耳鼻咽喉科医師として勤務するかたわら，2018 年に慶應義塾大学文学部美学美術史専攻アートマネジメント分野にて前期博士号取得。研究テーマはアートマーケティング。同時代を生きるアーティストの価値が正しく伝わる仕組みづくり，アートを通して日本人の価値観をより豊かなものにする活動に

従事。近年は，ビジネスやまちづくりにおけるアーティストの価値化に関心を寄せている。現在，原宿を拠点にアートコレクターがアート購買に至る目線を追体験することで，アートの新たな魅力を提案するPROJECT501 を主宰。http://project501.tokyo

上原 拓真（うえはら たくま）
電通 プランナー
　武蔵野美術大学にてアートマネジメントを専攻。広告代理店，シンクタンク，事業コンサルティング会社を経て電通入社。データ分析とUI ／ UX デザインが専門。美術館向けのガイドアプリ開発を手がける。美術作家の思考を追体験する「アートテリングツアー RUNDA」を主宰し，全国各地でツアーを開催。論文に，「倉庫ビジネスから高付加価値の空間活用ビジネスへの転換──寺田倉庫」『マーケティングジャーナル』36(4), 133-144, 2017。産業技術大学院大学創造技術専攻にてデータサイエンスを研究中。

東　成樹（ひがし なるき）
電通 コピーライター
　美術回路の事務局長。アート・イン・オフィスの実施や芸術祭の広報・ツアー造成のほか，美術展のキュレーション・コピーライティングを担当。また国内外のアート関係者に取材し，編集・ライティングを行う。携わった展示に「"名画になった"海 展」（仙台うみの杜水族館），主な編集に「アート・市民・行政の対話。ミュンスター彫刻プロジェクトに学ぶ，地域とアートの関係」（電通報），「アートが国をブランディングする。5 年に 1 度の芸術祭『ドクメンタ』レポート」（電通報），「今，アート購入に注目が集まるのはなぜ？──5 万円から始めるコレクションと運用方法の勉強会」（artscape）。

口絵作成

加茂　昂（かも あきら）
　1982 年東京生まれ。2010 年東京芸術大学美術研究科絵画専攻修了。3.11 後，「絵画」と「生き延びる」ことを同義に捉え，心象と事象を織り交ぜながら「私」と「社会」が相対的に立ち現われるような絵画作品を制作する。主な個展に，「境界線を吹き抜ける風」（LOKO gallery，東京，2019 年），「追体験の光景（原爆の図丸木美術館，埼玉，2018 年），「その光景の肖像」（つなぎ美術館，熊本，2017 年）など。主なグループ展に，「星座を想像するように──過去，現在，未来」（東京都美術館，上野，2019 年），「対馬アートファンタジア 2016」（対馬各所，長崎，2016 年），「航行と軌跡」（国際芸術センター青森，青森，2015 年）など。https://akirakamo.net

01

アート・イン・ビジネスのしくみ

キーワード

アートパワー　　問題提起力　　想像力
実践力　　共創力　　内在化　　アート効果
組織活性化　　ブランディング
イノベーション　　ヴィジョン構想

アートはビジネスにおいてどのような役割をはたすのでしょうか。
我々の考えでは，アートはこれからのビジネスにとって複合的な役割
をはたしうるものです。ここでは，本書の議論の基本的な枠組みとな
る「アート・イン・ビジネスのしくみ」を紹介します。
アートにはどのような力があるのでしょうか。そしてその力は，ビジ
ネスにどのような効果を生み出していくのでしょうか。

1　いかにアートはビジネスに効果をもたらすのか

　近年，ビジネス界では，ちょっとしたアートブームが起こってい
ます。ビジネスパーソンを対象にしたアートに関する本が書店の棚
で目立つようになり，アート鑑賞やデッサンの体験プログラムも盛
況です。また，アートをオフィスに飾るといった試みや，アーティ
ストと一緒に事業アイデアを発想するワークショップもさまざまな

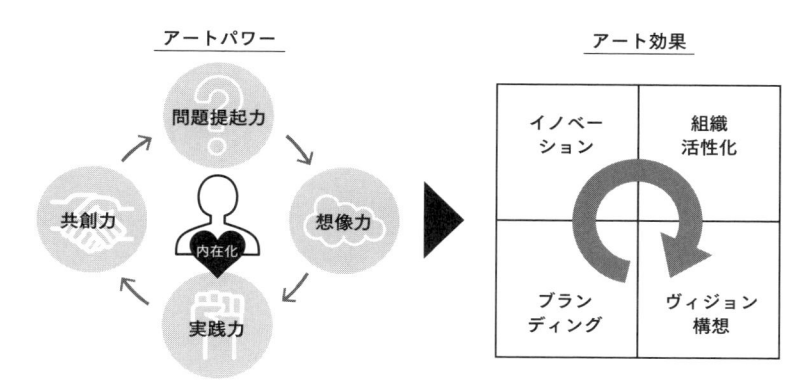

図 1-1 アート・イン・ビジネスのしくみ

企業において実施されるようになってきました。もはや，ビジネス界にとってアートは欠かせないものになっているのです。

　しかし，アートによる効果はそもそも見えにくく，アートを活用することによって，短期的に売上が向上したり，事業が拡大したりするといった直接的な影響を及ぼすとは考えにくいと思われます。とはいえ効果を把握しないことには，ビジネスにアートを定着させることは難しく，一過性のブームに終わってしまうかもしれません。

　我々の問題意識は，その数字に表れにくい効果を，多様な観点から明らかにしていくことです。では，いったいアートはビジネスにおいてどのような効果をもたらすのでしょうか。図 1-1 は，アートがビジネスに効果をもたらすしくみを図式化したものです。

　この図の主人公はビジネスパーソンです。ここでいうビジネスパーソンは，経営者といったトップ層にかぎらず，プロジェクトリーダー，マネージャー，現場の企画担当者といったミドルから現場の方々まで幅広いビジネスパーソンを含んでいます。そうした一人ひとりのビジネスパーソンが，個人的にアートに触れるという体験によって，自分自身のなかにアートパワーを内在化し，ビジネス活動のなかでアートを活用することを通じて，じわじわと，そして幅広い効果を生み出していく様子をこの図は示しています。

　「アートパワー（図 1-1 左側）」とは，アーティストがアート作品を生み出す過程で生まれる創作の原動力となる 4 つの力を示しています。もう一方の「アート効果（図 1-1 右側）」とは，のちほど第 6

章で述べるビジネスにおけるさまざまなアート効果から代表的なものを抽出したものです。さて，全体のしくみを理解したうえで，「アートパワー」と「アート効果」の具体的な内容と関係性について，考察を深めていきましょう。

2　アートパワーとはどういうものか

創作の原動力としての「アートパワー」

　読者のみなさんはアーティストというと誰を思い浮かべるでしょうか。近現代アートに絞ったとして，海外ではセザンヌ，ゴッホ，モネ，マティス，ピカソ，デュシャン，ポロック，ウォーホルなど，日本では村上隆，草間彌生，杉本博司などが挙げられると思われます。こうしたアーティストたちは歴史に名前を残した人たちであり，30年にひとり，あるいは50年にひとりといった頻度で出現するアート界の「伝説」です。日本においても多くの方々が美術教育を受けアーティストを目指すと考えられますが，定期的に展覧会に呼ばれ，ギャラリーに属し，作品を創作し，顧客を持ち，そういった一連の創作活動を持続的に行うことができるアーティストは，ひとにぎりしかいないという現実があります。これはいわゆるアートにかぎらず，音楽や文学など，何かを表現することを生業にする分野においては同じような状況だといえます。

　アーティストが作品を創作し続けることは並大抵のことではありません。そこで，我々は，一般化するのは難しいと承知のうえで，アーティストが作品を作り続けていく活力の源泉，つまり創作の原動力として，4つのアートパワー「問題提起力」「想像力」「実践力」「共創力」を抽出しました（図1-2）。便宜上，問題提起力を最初に挙げていますが，4つのアートパワーのうちどれが起点になっても構いません。4つの力が循環していくということが重要なポイントであると考えています。

問題提起力

　アートパワーのひとつめは，「問題提起力」です。「問う力」は，

図1-2 アートパワー

アートを生み出す最初の動機であるといえます。ここには,「自己の探求」と「批判的洞察」が含まれます。

自己の探求とは,自分とは何なのか,自分は何をしたいのか,など自分自身の内面に向って問いかける行為です。自己の探求は,自分自身と置かれている環境の間にあるなんらかの違和感が生じたときに起こりうるものです。優れたアーティストは,そうした違和感に敏感であると同時に,負のエネルギーをやがてはポジティブに変換する力を持っています。

問題提起力を構成するもうひとつの要素は「批判的洞察」です。これまで当たり前と思われていたことに対して批判精神を持って挑みます。その結果,ある現象やテーマについて,前提を疑い,そもそも「○○○とは何か」といった問いを立て続けることが批判的洞察になります。

こうした批判精神はアート自体にも向けられます。多くの人が美しいと感じるアートではなく,美とは何かについて問いかけてくるような表現が優れたアートであるといえます。いまから100年前に,日常的な既製品を選び,美術館に展示することで,アートのあり方について論争を引き起こし,目で見る「網膜のアート」から,頭で

思考する「観念のアート」への転換を予言したマルセル・デュシャ
ンの精神[*1]はいまも脈々と受け注がれているのです。

想 像 力

　アートパワーの2つめは「想像力」です。4つのパワーのうち，
この想像力こそが，アートをアートたらしめる最も核となる力では
ないでしょうか。内発的な問題提起や社会に対する違和感を経て，
想像力が生まれていきます。想像力とは，一般的に「過去の経験を
材料として，実在していないものをイメージとして作り出す能力」
と定義されます。さらに「想像力」には2種類あり，たんなる過去
の体験を再生する場合と，ある特定の目的に沿って再構成される場
合があり，後者を「創造的想像」と呼び，表現を生み出す重要な契
機となります[*2]。

　ここで，オノ・ヨーコ[*3]の例を挙げ，アーティストの「創造的想
像」について考えてみましょう。オノ・ヨーコは，幼少時代，戦争
から逃れるために疎開しました。その疎開先の家で弟と一緒に，屋
根の隙間からのぞく空を見上げながら，架空のメニューについて話
し合ったそうです。そしてその「思い描く力」によって生き残って
いこうと後に回想しています（モンロー 2003）。「空」「想像するこ
と」「平和への願い」「自由」は，彼女のその後の表現活動における
重要なテーマであり，モティーフとなっていますが，こうした原体

★1　マルセル・デュシャン（1887-1968）は，1990年代初期にお
いて主流だった印象派やキュビスムといったモダンアートの潮流を，
視覚だけに訴える「網膜のアート」と呼び，それらに対抗するため
に，アイデアやコンセプト主導型のアートの出現を訴えた（デュ
シャン／トムキンズ 2018）。
★2　「想像力」に関する定義は，『心理学辞典』（1999）と『事
典・哲学の木』（2002）を参考にしている。
★3　オノ・ヨーコ（1933-）東京出身の現代アーティスト。1952
年にニューヨークに移住し，前衛的芸術集団「フルクサス」に参加
し，東洋的な感性を取り入れつつ，鑑賞者の相互参加によるアート
表現や思考に取り組んだ。詩，音楽，視覚芸術，映画，パフォーマ
ンスなど幅広いメディアを通じて，常に見る人々の想像力に訴える
ような開かれた作品を発表した。またジョン・レノンの創作活動に
も影響力を与え，2015年には，ニューヨーク近代美術館で「YOKO
ONO ONE WOMAN SHOW 1960-1971」が開催された。

験を材料として，特定の目的に沿って再構成しており，まさに想像力が強く働いているといえます。

このような，アーティストの豊かな想像力から「コンセプト」と「表現」が生み出されていきます。現代アートにとって，その作品を成り立たせるテーマ，すなわちコンセプトの構築はますます重要になっています。コンセプトによって，鑑賞者がアート作品を目にしたとき，何に対する問いなのか，どういった批判が込められているのか，またどういった文化的な文脈を引用しているのかなど，作品の背景にある複雑な意味を読み解いていくきっかけとなっていきます。

コンセプトを具体的に見える形や体験にしたものが作品となります。現代アートにおいては，絵画やドローイングだけでなく，写真，映像，パフォーマンス，デジタル，オブジェ，アナログ素材，さらにそれらを空間のなかで展示するインスタレーションなど，表現手法はさまざまです。今日のアーティストはさまざまな表現手法を組み合わせることによってアート作品を創作していきます。

ひとつの作品を見てみましょう。この作品は，美術館の展示室の片隅に大量のキャンディが積まれている作品です[4]。数にすると1万個以上はあると思われます。キャンディ自体は，カラフルなセロハンで包まれているどこにでもありそうな商品です。その横に警備員が座っていますが，自由に取って持って帰ることが許されています。ひとつのキャンディを取り出す人もいますが，ポケットをいっぱいにして帰る人もいます。美術館なのに作品に触れることができて，しかもおいしいキャンディが食べられるので，その体験だけで十分に楽しめるかもしれません。

この作品はキューバ出身のフェリックス・ゴンザレス＝トレス（1957-1996）によって1991年に制作された「無題（ロスのポートレート，ロサンゼルスにて）」というタイトルの作品です。彼は同性愛者であり，AIDSで亡くなったパートナーであるロスの体重とトレス自身の2人の体重を合わせた重さと同じ300ポンド分のキャンディを積

★4　ブリオー（2018）やBourriaud（1998）における作品解説を参考にしている。

み上げているのです。このように，彼の作品には「2」を単位にした表現が多くを占めます。2つの枕，2つの裸電球，2つの鏡，同じ時間で止まった2つの壁時計など，日常におけるパートナーとの共同生活を想起させるものが多く，「共存」が彼の作品のテーマであると考えられます。

　鑑賞者はキャンディを手にすることで，最愛のパートナーであるロスが亡くなったときのトレスの悲しさを共有することができます。作品は非常に重いテーマですが，愛らしいキャンディに置き換えてシンプルに床に置くことによってそれを表現しており，その対比が私たちの想像力を膨らませてくれます。こうしたアーティストを取り巻く人間関係や，アーティストと鑑賞者といった人と人の関係性が作り出す「美」を，批評家のニコラ・ブリオー（1998）は「関係性の美学（Relational Aesthetics）」と呼んでおり，これからのアートのあり方を提言すると同時に，トレスのこの作品を重要な作品として位置づけています。

　トレスの作品における美的体験について解説してきましたが，目に見える作品の表現とその背景にあるコンセプトが鑑賞者のなかで

「無題（ロスのポートレート，ロサンゼルスにて）」（1991）
フェリックス・ゴンザレス＝トレス
©The Felix Gonzalez-Torres Foundation

「無題（完璧な恋人）」（1991）
フェリックス・ゴンザレス＝トレス
©2019 The Felix Gonzalez-Torres Foundation, Courtesy Andrea Rosen Gallery, New York

合致することで，現代アートならではの審美体験を得ることができるのです。

実 践 力

　アートパワーの3つめは「実践力」です。ここには，「自律性」と「制約条件の突破」が含まれます。一般的なビジネスパーソンは，なんらかの組織に属して仕事をしています。その組織のなかで課題が上司や得意先から与えられ，その課題を解決するために働くというのが基本スタイルではないでしょうか。しかしアーティストは違います。誰からの指示を待つのではなく，自分の意志に従って自発的に創作していきます。しかし，創作活動は孤独であり，世の中で認められるかどうかもわかりません。したがって高い自律性が求められます。自律性とは，「自分の成し遂げる目的のために，自ら立てた規律に従って，自分の行動を正しく規制すること」であるといえます。一見破天荒にみえるアーティストの創作活動ですが，孤独や不安と向き合い，自分を律しながら創作活動を続けていかなければなりません。

　アーティストは，何事にも束縛されず自由な活動が許されていますが，その一方でさまざまな制約条件を突破していく必要がありま

す。仮に表現したいモノがあったとしても，自分自身の技術的なスキルの限界，制作のための予算，創作環境の確保，発表する場の創出，人的ネットワークの構築など，作品を世に出すためには多大なハードルが存在しています。アーティストは，それらのハードルを一つひとつ乗り越えながら，作品を作り続けていきます。ビジネスパーソンがなんらかの組織に属して課題解決する際には，その組織のリソースを活用できますが，アーティストはひとりでその制約を乗り越えていくのです。その突破力こそが創作の活力となっていくのです。

共 創 力

　アートパワーの4つめは「共創力」です。ここには，「相互作用」と「共感」が含まれます。アーティストの手を離れた作品はその時点で鑑賞者や批評家の目にさらされ，社会に開かれた作品となっていきます。今日の現代アートは，アート自体や既成概念に疑問を投げかけるものが多いため，批判も含めて多様な反応が生み出されることはむしろ必然であるといえます。また，鑑賞者によっては，作品の意図とは異なる解釈が生まれるかもしれません。アート史を振り返っても，はじめから評価され，そのあとも評価されつづけて名作になったという例はむしろ稀であるといえます。

　前述したマルセル・デュシャンは，アートにおけるそうした「相互作用」にいち早く着目したアーティストのひとりです。デュシャンは，アートの創造過程には2つの極があると述べています。一方の極は「アーティスト」であり，他方の極は後世の人々も含む「鑑賞者」です。

　アーティストはある意図を込めて作品を作り出しますが，鑑賞者はアーティストが作ろうとしなかった意味を増大させ，自分流に変形させるとしています。つまり，デュシャンが最も言いたいことは，アーティストはひとりでは創作活動を完結できないということであり，鑑賞者が作品を外の世界へと導き，その作品を解読し，鑑賞者固有の仕方で創造過程に参画するということです（デュシャン 1995，シャルボニエ 1997）。このように，アーティストと鑑賞者による「相互作用」は，アートの持つ重要な特質のひとつであるといえます。

　もうひとつの要素は「共感」です。優れたアート作品がはじめて出現したときには，一種異様な表現でもあることが多く，最初は受け入れることも難しいかもしれません。しかし前述したように，アーティストと鑑賞者との相互作用によってさまざまな解釈が生み出されていきますが，時間の経過のなかで美的評価が形成され，やがては時代，地域，民族などの境界を超えて通じあう，共感される作品として後世に受け継がれていくのです。

　以上，4つのアートパワーを見てきました。アーティストは，自分自身へのまなざし（自己の探求）と，社会へのまなざし（批評的洞察）といった2つの視点から，想像力を駆使し，これまで見たこともなかった着眼点（コンセプト）で作品（表現）を通じて世に問いかけ，批判や孤独と闘い（自律性）ながら，制約条件を乗り越えてアート創作を実践していきます。そうしてつくられた作品は長い年月を経て，後世のまだ見ぬ人との相互作用によって共感を獲得し，社会に開かれたものとして生きつづけていくのです。

3　内在化からアート効果へ

内在化とは

　アートがビジネスに効果をもたらしていくには，組織内の各個人におけるアートパワーの「内在化」の過程が不可欠です。内在化とは，「取り入れる」とか「自分のものにする」という意味を持つ社会心理学の用語です。たとえば，アートをたんに所有したり，玄関に飾ったりするだけでは内在化しているとはいえません。「内在化」とは，「アートパワーが私たち個人の思考や感性になんらかの影響を及ぼしている状況」を指します。内在化の過程については，第9章でくわしく述べますが，各個人の人生におけるアート体験によって，アートに対する考え方や向き合い方は多種多様であるといえます。

　では，組織内の各個人にアートパワーが内在化されることで，どのような効果がビジネスにもたらされるのでしょうか。もし短期的

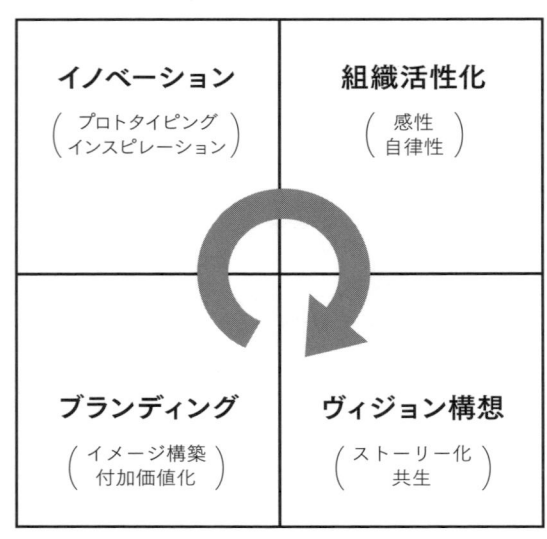

図1-3　アート効果

な利益を追求するのであれば，アートはむしろビジネスには向いてはいません。しかし，長期的な視点で戦略的にアートをビジネスに取り入れることで，「ブランディング」「イノベーション」「組織活性化」「ヴィジョン構想」といった4つのアート効果が期待できます（図1-3）。

　さらに，これらの4つのアート効果は単体で効果を発揮するだけではなく，相互の関係性を意識してつなぐことによって，やがて波及効果を生み出していきます。

ブランディングを起点とした効果

　ひとつめのアート効果は「ブランディング」です。ブランディングは，1990年代に日本のビジネス界に導入されて以来，今日まで重要視されてきたマーケティング戦略論のひとつですが，近年その捉え方が大きく変わろうとしています。Allen ら（2008）は，**表1-1**のように従来のブランド観を「情報ベースのブランド観」，新たなブランド観を「意味ベースのブランド観」と呼び，対比しています。

　前者においては，ブランドとは情報であり，消費者の選択プロセ

表 1-1　2 つのブランド観の対比

	従来のブランド観 （情報ベースのブランド観）	新たなブランド観 （意味ベースのブランド観）
ブランドの役割	選択を支援する情報伝達手段 （リスクの削減と単純化の手段）	生活を支援し， 人生に意味を与える手段
指針となる メタファー	ブランドは情報	ブランドは意味
コンテクストの役割	コンテクストはノイズ	コンテクストがすべて
中心的構成概念	知識を構成する認知や態度	消費の経験的・象徴的側面
マーケターの役割	ブランド資産を生み出し 所有する（価値の提供）	ブランドの意味の 創り手のひとつ（価値の共創）
消費者の役割	ブランドという情報の 受動的な受け手	ブランドの意味の 能動的な創り手

青木編著（2011）から抜粋して作成。

スを支援し，リスク削減や決定の単純化をするための手段でした。一方で，後者においては，ブランドとは意味であり，人々の生活を支援し，人生に意味を与えるための手段としています（青木編著2011）。後者では，ブランドの「象徴的な意味」が問題であり，消費者はブランドの意味の能動的な創り手となるとしています。

　アート作品とは，第 7 章でくわしく述べるように，モノとしての機能的な価値はありませんが，意味や解釈が詰まった象徴的な存在であるといえます。まさに究極のブランドであるともいえるのです。そうしたアートの持つ価値を活用して，商品や企業のブランドイメージの刷新や新しい「イメージの構築」，あるいは，モノを超えた意味を付与することで「付加価値」を高めることができます。

　第 6 章で紹介するルイ・ヴィトンのアーティスティック・ディレクター（当時）のマーク・ジェイコブスは，現代アートのコレクターでありアート関連の書籍を扱うギャラリーを運営するほどのアート愛好者です。交流のあった現代アーティストを起用して，伝統的なイメージに現代的なイメージを取り入れることでブランドの刷新に成功しています。さらに，アーティストとのコラボレーションによる商品を限定品として展開するなど，まるでアート作品のように売り出すことで，ビジネス的な成功をとげました。

　プラダの場合は，ミウッチャ・プラダ自身も，もともとアート愛

好家ですが，現代アートをたんなるコレクションではなく，アーティストとの交流を通じたコミッションワーク（委託制作）の制作，先進的な建築家との店舗やスペース開発など，多くの共同プロジェクトを手がけてきました。プロジェクトを通じたアーティストとの深い交流は，プラダのファッションに多くの刺激や革新的なアイデアをもたらしているといえるでしょう。

　第2章で取り上げる寺田倉庫株式会社は，アートの持つ高付加価値性をうまくビジネスに取り入れた事例であるといえます。倉庫業は一般的に，坪単価を上げ，長時間にわたってモノを預かることが利益を増やす源泉になると考えられます。寺田倉庫は，アート作品を預かることで，それに付随する付加価値の高いサービスを提供すると同時に，ブランドイメージを高めています。さらに近年は，東京の湾岸エリアのひとつにすぎなかった天王洲という倉庫地区をひとつの街としてブランディングしました。いまではセンスのいい店舗が並び来街者も多く，新たな賑わいを創出することに成功しています。寺田倉庫によるアートを取り入れたブランディング活動がなく，たんなる倉庫街のままであったならば，こうした街の発展は難しかったと思われます。寺田倉庫は，従来の倉庫業の発想にはない視点から倉庫業とは何かと問い，アート作品の保管によって本業の利益率も上げながら，上質なブランドイメージも生み出し，街そのものの付加価値をも向上させています。

　世界を代表する家具メーカーであるヴィトラ社（Vitra）は，二代目社長のロルフ・フェールバウムによって，アートの持つ価値形成のメカニズムをブランディングに適用することに成功しています。モダンマスター（20世紀の名作）といわれる家具を系統的に収集し，それをミュージアムで展示し，研究者の手によってカタログレゾネ（総作品目録）を発刊しています。デザイン史のなかでそれらの家具を価値づけすると同時に，作家や作家遺族からデザインの版権を取得し，オリジナルに忠実に復刻した商品を，高価格で販売するというビジネスを展開しています（若林 2010）。こうして家具というデザイン商品を，アート作品として昇華させることによって，高い付加価値化に成功しているといえるのです。

ヴィトラ・デザイン・ミュージアム
設計：フランク・ゲーリー
撮影者：Wladyslaw Sojka（www.sojka.photo）

ヴィトラ・ショウデポの内部空間
©Vitra Design Museum
撮影者：Mark Niedermann

イノベーションを起点とした効果

　2つめのアート効果は「イノベーション」です。アートには，前提を疑ってみる問題提起力や，見えにくいものを具現化する想像力が備わっています。そうした力を活用することで，ビジネスにおいて，新しい「ひらめき（インスピレーション）」を生み出したり，画期的な「試作品を生み出す（プロトタイピング）」ことが可能になります。

　イノベーションというのは，斬新で連続的なイノベーションなのか，画期的で非連続的なイノベーションなのかに分類されます。前者の場合には，既存の枠組みの延長で革新をもたらすことができますが，後者の場合には，既存の枠組み自体を外す必要があります。特に近年における進化の激しい環境のなかでは，後者のイノベーションが主流となっています。その場合のイノベーションは，多くの人が関心を払う組織や市場の中心部ではなく，周縁や辺境と呼ばれるところから生まれます（一橋大学イノベーション研究センター編

2017）。そこで，既存の枠組みを取り払うアートの力をビジネスパーソンが内在化することや，私たちとは異なるフィールドで活動しているアーティストとの対話や共同作業を通じて，ビジネスにイノベーションを起こしていくことが有効であると考えられます。

近年，アートをビジネスに取り入れたイノベーションへの挑戦の事例は増えてきましたが，まだまだ試行錯誤の状況であり，アートによる効果とは明確にいい切れない部分があります。そこで，第3章では，ヤマハの事例を取り上げ，アートとイノベーションの関係について長期的な視点で分析しています。

ヤマハのイノベーティブテクノロジー開発本部に属する西堀佑氏は，操作性や生産効率に主眼を置いた開発に対して疑問を持ち始め，従来から交流があったメディアアーティストの岩井俊雄と，未来の楽器を作ろうということになり，アーティストとの共同開発がスタートします。「電子技術は進歩したが，新しい楽器を生み出す力は弱くなっている」という問題意識のなかで，楽器と音楽の関係性のあり方を問い，操作と光と音が同期した未来の楽器「TENORI-ON」が生まれます。この商品自体は，基幹事業になるほどの売り上げ貢献はしませんでしたが，メディア芸術祭でその革新的な発想が評価されグランプリを受賞するなど，ヤマハのものづくりが社会的に評価されました。さらにこうした開発方法や文化を組織に定着していくために，プロジェクトの進め方をメソッド化した「start-up sketching」や，外部のアーティストのアイデアを公募で集め，ヤマハ社員と共創しながら商品開発を進める「YouFab ヤマハ賞」などの複数のしくみが生み出されていきました。

そのほかにアートがインスピレーションの源泉になる例として，ファッションブランドのアニエスベーによる活動が挙げられます[5]。アニエスベーは，カジュアル・ファッションのブランドであるため，プラダのような高級ブランドとはアートに対する向き合い方や取り組みも対照的であり，アニエスベー自身による等身大のアートへの

★5　アニエスベーのケースについては，アニエスベー（2016）および雑誌におけるインタビュー記事 *Galeries Magazine*, Summer1993 n° 55（聞き手：Philippe Piguet）を参考にしている。

ギャラリー デュ ジュール
©Martine Barrat

愛情が感じられます。

　創業者であるアニエスベーは，少女時代からアートが好きで，アートに関わる仕事をしたかったのですが，さまざまな事情でアートを直接的に扱う仕事でなく，ファッションの分野で仕事をするようになります。彼女のアートに対する姿勢には，アーティスト，特に若いアーティストに対する敬意が随所に感じられます。実際，アニエスベー自身もコレクターとして，アート作品を購入することで彼らを積極的に支援しています。また特定のアーティストの作品に偏って所有したり，すでに評価されている代表作を購入するのでなく，自分にとって新しさや驚きを感じられる作品を購入しています。したがって彼女の膨大なアートコレクションからは，アーティストの思考やアイデアが凝縮された作品に自身の直感を反映しながら購入している姿勢が感じられます。結果として，彼女のコレクションは，一見バラバラのようにも思えますが，逆に，それらを俯瞰的に見ると非常に彼女らしいコレクションとなっています。

　また，アニエスベーは1984年からブティックの向かいに「ギャ

ラリー デュ ジュール」を開設し，写真やグラフィティなどのアート展示を継続しています。そこで紹介した当時無名のアーティストが，いまではメジャーなアーティストになっている場合も少なくありません。彼女の審美眼は非常にユニークでありながら，同時に，非常にポテンシャルが高いものであると考えられるのです。

　さらに 1997 年からは，世界的なキュレーターのハンス＝ウルリッヒ・オブリスト[6]と，これまた世界的アーティストとして知られるクリスチャン・ボルタンスキー[7]と共同で，「分散」というコンセプトの「ポワンディロニー」というフリーペーパーを発行しています。これは年に数回，彼らが選定したアーティストに，誌面の制作をすべて任せたフリーペーパーを世界中の店舗に設置し，来店した人々に無料で配布するという取り組みです。プロモーションなどの企業活動からは完全に独立した形で継続されている点が，非常にユニークであると考えられます。

　アニエスベーは，彼女らしいアートとの触れ合いを通じて，自分自身のインスピレーションを高めると同時に，若いアーティストの支援や発掘，そしてあらゆる人々が良質なアートと触れる機会を提供し，独自のやり方で，アート・イン・ビジネスを実践しているといえます。アニエスベー自身が，その活動をなんらかのビジネス活動として位置づけていないにもかかわらず，そのような活動は結果としてアニエスベー自体のブランド価値を高めていくことにつながっていると考えられます。

組織活性化を起点とした効果

　3 つめのアート効果は「組織活性化」です。アートパワーを構成する「想像力」や「実践力」を活用することで，組織構成員の感性を高め，社員の自律性を向上させることができます。現代のような

★6　ハンス＝ウルリッヒ・オブリスト（1968-）：世界で最も影響力のある現代アートにおけるキュレーターのひとり。2006 年からロンドンのサーペンタイン・ギャラリーの共同ディレクター。
★7　クリスチャン・ボルタンスキー（1944-）：フランスを代表する現代アーティストのひとり。60 年代後半に短編フィルムを発表し，一貫して，歴史や記憶，死や不在をテーマとした作品を発表している。

不透明な時代においては，論理性や合理性だけなく感性や美意識が求められますし，上からの指示を待つ組織ではなく，自律性を高め，自らの意思で動く組織構成員が増えることも不可欠です。

第4章の前半で取り上げるマネックスグループ株式会社の場合は，アートによる組織活性化の好事例であるといえます。創業者であり会長である松本 大氏は，もともとアートに対して造詣が深く，アートが生活の中にあることがむしろ自然であると考えていました。そこでオフィスにアートを置こうと思いつき「ART IN THE OFFICE」の取り組みが始まります。アートが展示されるように設計された会議室は存在感があり，多大な PR 効果を生み出すことになりますが，松本氏の真の問題意識は，金融業界のイメージの革新にあるといいます。金融業界というと，イメージが保守的で洗練されたセンスとは無縁の業界と思われていますが，定期的にアーティストを招き，作品制作を依頼し展示することで，社員がアートに触れる機会が生まれ，顧客との接点で用いるデザインが向上したり，さらには革新的な金融サービスが生まれたりすることを狙いにしています。つまり，組織構成員の美意識と自律性を高め，やがては金融業界のイメージを革新するというヴィジョンを実現するためにアートを活用しようとしているのです。

また，第4章の後半で取り上げるアクセンチュアの場合には，あるひとりの社員によるアートをテーマにした部活動がきっかけとなり，活発な社内コミュニティを形成しています。ある社員が自分自身の将来のキャリア形成について考えていくなかで，「アートと企業をつなげる」というミッションを掲げ，社内の芸術分野に関心がある人たちを集め，アーティストやアート業界との交流促進を図るコミュニティ「芸術部」を創設しました。ちょうどその頃，アクセンチュアは，イノベーションを基軸にしたヴィジョン構想を具現化していこうと動きだしていたこともあり，そうした全社的なプロジェクトと草の根的な活動を展開していた「芸術部」が連携するようになりました。いまや「芸術部」のメンバーは 200 名に増加し，アートを介した活発な交流を生み出しています。

ヴィジョン構想を起点とした効果

　4つめのアート効果は「ヴィジョン構想」です。アーティストには，まだ見えない何かを形にしたり，それに向かって実践していこうという能力が備わっています。同時に，アーティストは自身のアート作品を，社会とともに作り上げていくといった広い視野をも持ち合わせています。そうした「想像力」や「共創力」といったアートパワーは，ビジネスにおいては「ストーリー化」や「共生」といったアート効果へと変換されていきます。

　第5章で取り上げる株式会社スマイルズを創業した遠山正道氏は，もともと絵が得意で若いときにはイラストレーターとしての経験もありました。偶然にも自らの作品を展示し販売する個展を開催する機会にめぐまれ，その当時の体験がその後のビジネスに対する考え方を大きく変えるきっかけになりました。それまでは大きな企業組織に属し，社内で複雑な承認を経て新規事業を生み出すことにジレンマを感じていましたが，個展での体験を通じて，ビジネスにおいても，まるでアートを生み出すように，自分がやりたいことを起点に未来を構想し，それに向かって実践していくことの重要性に気づいていきます。

　社内ベンチャーとして立ち上げたスープ事業「Soup Stock Tokyo」における事業構想は，たんなる飲食チェーン事業ではなく，あるひとりの都会の女性が日々暮らすなかでスープがどうあるべきかをストーリー化した「スープのある1日」にすべてが凝縮されています。その生活シーンが実現するために生産やサービスはどうあるべきか，社会はどのように反応していくのかについて想像力を働かせて未来の姿を描いています。そうして立ち上げたスープ事業は成功し，その後も遠山氏は「ビジネスとはアートである」と捉え，これまでの常識を覆すような斬新なコンセプトの新規事業を数多く立ち上げることに成功しています。[8]そうした活動は社内にとどまらず，社外の事業アイデアにおいても，独自の審美眼で支援するしく

★8　遠山（2013）は，自らが手がけたプロジェクトの軌跡を「妄想」「磁力」「実行」「スタート」と区分しているが，これらはアートパワーの4つの要素と重なる部分が大きく，まさにアートを生み出すようにビジネスを展開しているといえる。

みを生み出し，同社のなかでアート・イン・ビジネスはさらなる広がりを見せています。

　もうひとつのアート効果は「共生」です。アートが内在化されたヴィジョン構想のなかには，「共生」の思想が込められているといえます。世界的な建築家の黒川紀章は，共生という概念について次のように定義しています（黒川 1996）。

①共生とは，対立，矛盾を含みつつ緊張の中から生まれる新しい創造的な関係をいう。
②共生とは，お互いに対立しながらも，お互いを必要とし理解しようとするポジティブな関係をいう。
③共生とは，いずれの片方だけでは不可能であった新しい創造を可能とする関係をいう。
④共生とは，お互いの持つ個性や聖域を尊重しつつ，お互いの共通項を広げようとする関係である。
⑤共生とは，与え・与えられる大きな生命系の中に自らの存在を位置づけるものである。

　設定されたヴィジョンが，利益追求という単一の物差しで，組織を統制し，経営者だけが利益を享受し，社会的な関係から閉じた経営活動には，根本的に「共生」の思想が欠如していると考えられます。アートとは，まさに共生の思想の上に成り立っているものであり，多様な価値観の対立を認め合い，そこから新たな創造が生まれていきます。したがって，ヴィジョン構想にアートが内在化することで，埋もれがちなことや新たな価値観が浮き彫りになり，そうした多様性を事業に取り込むことが可能になっていくのです。

　もうひとつみられる傾向としては，第 6 章で触れますが，アートを内在化している企業や経営者は「まちづくり」に対して積極的であるということです。まちづくりに求められる最も重要な点は，場所に対する感性です。これを人文地理学の分野では，「センス・オブ・プレイス[★9]」といいますが，どのようにその場所に意味を見出すのかが，まちづくりの成功の可否を決める重要な出発点となります。資生堂にとっての銀座，倉敷紡績にとっての倉敷，セゾングループ

にとっての渋谷，ベネッセにとっての直島，寺田倉庫にとっての天王洲など，本書で取り上げた企業とまちづくりの関係はお手本となるようなケースばかりであるといえます。企業が関係する場所に意味を吹き込み，その場所に生きるひとりのアクターとして，共に発展していこうとする共生の思想が，そこには込められているといえます。

4　ビジネスへの波及効果

　以上，本書の枠組みとなるアート・イン・ビジネスのしくみについて解説してきました。アーティストがアート作品を生み出す原動力を「アートパワー」として，「問題提起力」「想像力」「実践力」「共創力」を抽出しました。そして個人がアートに触れることを通じて，それらのアートパワーが内在化され，各個人を取り巻くビジネス環境のなかで，「ブランディング」「イノベーション」「組織活

図 1-4　ビジネスへの波及効果

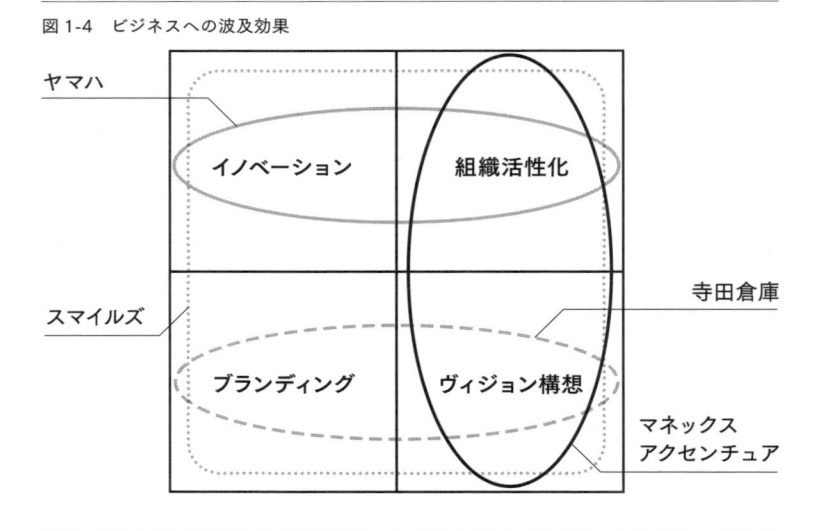

★9　「センス・オブ・プレイス」とは，人文主義地理学における用語。一般的には「場所感覚」と訳されるが，「場所に対する感性」や「場所への意味づけ」など広い創造性を含む概念である（電通abic project 編 2018）。

性化」「ヴィジョン構想」といったアート効果を生み出していきます。

　本章の最後に強調したいことは，これらの4つのアート効果は関連し合いながら，波及効果を生み出していくということです。次章以降で，5つの事例を紹介しますが，どれも単一の効果ではなく，図1-4のように効果が相乗的に広がっていくことが読み取れます。

　寺田倉庫は，アートを扱うことでブランディングし，倉庫業ビジネスの付加価値化に成功すると同時に，街全体の価値も高めることで倉庫業のあり方を革新する新しいヴィジョンを実現していました。ヤマハは，アーティストとの協働による革新的な楽器をプロトタイピングによって作り出し，さらに組織としてイノベーションを生み出すしくみや組織文化の活性化に向けた取り組みを行っています。

　マネックスグループやアクセンチュアも，オフィスでアートに触れるというプロジェクトからスタートしていますが，企業のヴィジョン構想とのつながりも生まれています。最後の事例のスマイルズは，アート作品を生み出すように，次々と事業創造していくなかで，組織文化を活性化させ，そして結果的に独特なブランドイメージを形成しているといえます。

　このように，最初はアートを活用した小さな取り組みかもしれませんが，アートパワーがじわじわと浸透していくことで，やがては相乗的なビジネスへのアート効果を生み出し，個性ある強い企業体へと成長していくといえるのです。

参考文献

Allen, Chris, Susan Fournier and Felicia Miller, 2008, "Brands and their Meaning Makers," *Handbook of Consumer Psychology*, Lawrence Erlbaum Associates.

アニエスベー（2016）『アニエスベー スティリスト』青幻舎。

青木幸弘編著（2011）『価値共創時代のブランド戦略——脱コモディティ化への挑戦』ミネルヴァ書房。

Bourriaud, Nicolas, 1998, *Relational Aesthetics*, Les Presse Du Reel.

ブリオー，ニコラ（2018）「ニコラ・ブリオー『関係性の美学』——1990年代の芸術」立石弘道・谷口光子訳，『藝文攷』23。

シャルボニエ，ジュルジュ（1997）『デュシャンとの対話』北山研二訳，みすず書房。

電通 abic project 編（2018）『プレイス・ブランディング――地域から場所のブランディングへ』有斐閣。

デュシャン，マルセル（1995）『マルセル・デュシャン全著作』北山研二訳，ミシェル・サヌイエ編，未知谷。

デュシャン，マルセル／カルヴィン・トムキンズ（2018）『マルセル・デュシャン――アフタヌーン・インタヴューズ』中野勉訳，河出書房新社。

一橋大学イノベーション研究センター編（2017）『イノベーション・マネジメント入門〔第 2 版〕』日本経済新聞出版社。

黒川紀章（1996）『新共生の思想――世界の新秩序』徳間書店。

モンロー，アレクサンドラ（2003）「イエス（YES）の精神――オノ・ヨーコの芸術と人生」『「YES オノ・ヨーコ」展』朝日新聞社。

永井均ほか編（2002）『事典・哲学の木』講談社。

中島義明ほか編（1999）『心理学辞典』有斐閣。

遠山正道（2013）『やりたいことをやるというビジネスモデル――PASS THE BATON の軌跡』弘文堂。

若林宏保（2010）「アート作品の価値形成プロセスに関する一考察――アートマーケティングの実践に向けて」『マーケティングジャーナル』29（3）。

Galeries Magazine, summer1993, 55.

02

アートでブランディングする

キーワード
ブランディング
付加価値化　イメージ戦略
プレイス・ブランディング
余白創造　文化創造

この章では寺田倉庫が従来の倉庫業界の価格競争から脱却するために，アートの持つ付加価値を用いることで，まったく新しいビジネスとして生まれ変わらせた手腕を分析します。寺田倉庫がモノを預かるという機能だけでなく，創業当時の経営ヴィジョンを改めて捉えなおし，アートの持つ意味を活用することで倉庫会社のブランドイメージを刷新した軌跡を追っていきます。

1　寺田倉庫の課題

　寺田倉庫は 1950 年に創業し，国による指定倉庫として米の保管事業を行いました。現在，倉庫業界で売上高 103 億円（2018 年度）となる中小企業です。トランクルーム，メディア保管事業など特殊なモノを預かる業務を行っていましたが，いわゆる普通の倉庫会社でした。

東京都品川区にある寺田倉庫本社

　寺田倉庫が預かるモノは一見すると脈絡がありません。ワイン，美術品，建築模型，映画フィルムや音楽テープ，契約書などの機密文書，病院のカルテやレントゲン……といったようになんでもありにみえます。法人向けに加えて近年では個人向けの倉庫業も始めていて，段ボールにモノを詰めればなんでも預かってくれるサービスも提供しています。

　預かるモノの種類だけでは寺田倉庫の個性は推し量れません。寺田倉庫は創業当時から長きにわたって倉庫業を継続するうえで，モノを預かるのに最適な空間とは何かを考え続け，独自のヴィジョンをもってビジネスを展開してきたと考えられます。

　しかし倉庫会社であるという存在意義から離れることは難しく，徐々に大手の物流会社との競争が激しくなり，どのジャンルにおいても一番と誇れる実績がなくなりました。倉庫会社同士で争う価格競争に巻き込まれてしまい，差別化できる特徴がありませんでした。

　業界では先がけて始めたトランクルーム事業は成長領域でしたが，これもまた競合が次々と進出するなかで同様に価格競争という状況に追い込まれていきました。

2　アートによる付加価値化

そんななか，創業オーナーの二代目である寺田保信会長（当時）
は，30 年来のつきあいがあり台湾のコングロマリット企業を経営
していた中野善壽氏を，2012 年に寺田倉庫の代表取締役として迎
え入れることを決めます。中野氏が就任したのをきっかけに，寺田
倉庫は既存の倉庫業の枠には捉われない新規事業を次々に生み出す
ことに成功しました。その中心と呼べるものがアートビジネスです。

中野氏は顧客がトランクルームに預けているモノのひとつにアー
トがあることに気づき，アートに注力することに気づいたといいま
す。寺田倉庫がそれまで注力してきた特定の財としてワインや映画
フィルムがありましたが，どれも適切に保管すれば後々に価値が高
まる財という意味で，その特性はアートに近しいといえます。また

寺田倉庫の美術品保管倉庫

★1　中野氏は 2019 年 6 月 26 日に寺田倉庫の代表取締役 CEO を
退任し，同日付で寺田航平取締役が昇格して代表取締役社長 CEO
に就任している。

アートコレクター宮津大輔氏と所蔵の草間彌生作品「Infinity net」
©YAYOI KUSAMA

トランクルームの中には書芸や骨董品などが保管されており，寺田倉庫はすでに顧客からたくさんのアートを預かっていたといえます。下記に中野氏の発言を引用します。

　　現代アートであれば，100 年，200 年と生かし続けることで，新しい価値につながる可能性がある。ここに焦点を当てて，ビジネスに仕立て上げていけば，ライバルも少ないし，面白いことができる。[★2]

　寺田倉庫は顧客からモノを預かって付加価値を与えられる財として，アートに注力することを決めました。美術品の保管事業はすでに 1975 年から開始しており，2015 年に伝統画材を扱う「PIGMENT TOKYO」を開店しました。さらに 2016 年には建築模型を保管しながら展示まで行う「建築倉庫ミュージアム」を開業しています。

★2　Business Insider Japan「寺田倉庫が現代アートの世界的パトロンになった理由──坪単価 5 倍以上の高付加価値空間ビジネスに大転換」2018 年 8 月（https://www.businessinsider.jp/post-172911）。

　寺田倉庫の保管庫には，数多くのアートコレクターが美術作品を預けています。美術品保管にまつわる設備はもちろん，美術品を取り出して確認するためのビューイングルーム，コレクションを展示するためのギャラリースペースも設けています。日本のトップコレクターで横浜美術大学の宮津大輔教授は寺田倉庫に美術品を預けており「すべてのアート愛好者のために最良のコンディションで遺さなければなりません。寺田倉庫とは長いつきあいなので，とても信頼しています」といっています。

　寺田倉庫が一貫してこだわっているのは，モノを預かるだけでなく，モノに付加価値を与えたいという姿勢です。アートも実際はモノであり財です。富裕層にとってはワインもアートも同じく嗜好品であり，大事に保管しておきたい財です。適切に保管すればワインの味が熟成し，価値が上がるのと同じように，アートも適切に保管し，市場で作品の評価が高まれば価値が上がります。ソムリエや評論家がワインを飲んで価値づけするように，アートにも批評家がいて，ワインと同じくオークションがあり人気の「商品」は高い価格で競り落とされています。

保管→運送→展示→修復まで一気通貫

　寺田倉庫はアートを保管するだけでなく，輸送やギャラリースペースの提供など付帯サービスを充実させることに挑戦しています。2016 年より美術品の輸送，展示，梱包，修復，破損などの事故が起きたときに補償するための保険といった物流全般のビジネスを手がけるグループ会社 TERRADA ART ASSIST 株式会社を設立し，海外・国内への美術品輸送，展示などに一貫して対応できる体制を作っています。

　さらに日本は諸外国に比べて，ギャラリーが各地に点在しているため，アートを 1 カ所で集中して鑑賞できる環境が少ない弱点がありました。そこで寺田倉庫は「TERRADA ART COMPLEX」と称して倉庫ビルを改装し，広大かつ天井が高いスペースを用意することで，東京の有名ギャラリーを数多く招聘しています。2019 年 1 月には山本現代，URANO，ハシモトアートオフィスの 3 つのギャラリーが合併統合して「ANOMALY」という巨大ギャラリーが開

美術輸送専用トラック
国内だけでなく海外の輸送も対応。

TERRADA ART ASSIST のスタッフ
美術品の展示，梱包，輸送，額装まで
専門スタッフが行う。

業しています。

　TERRADA ART ASSIST 株式会社の代表取締役である是川泰之氏によると「日本国内のアートコレクターの数は年々増えている。実際に美術品倉庫の利用者は増えており，アートコレクターだけでなくギャラリーや美術館，官公庁も顧客だ。また顧客からの依頼で海外に輸送する美術品の数も増えている。美術品を保管から輸送までワンストップで提供できるのは寺田倉庫ならでは」と語ります。寺田倉庫はこの 10 年足らずで美術業界で「美術品保管と輸送といえば寺田倉庫」という立ち位置を確立させました。

アートといえどビジネスなら収益は守る

　これまで見てきたように寺田倉庫はアートをビジネスとして確立させていますが，日本国内でアートビジネスを担う組織はそう多くありません。ビジネスは収益性が高い事業を優先しがちのため，世間ではアートは儲からないのではないか，と思い込んでいるのかもしれません。ですが寺田倉庫はそんな固定概念を壊しています。

　是川氏は「社員には売上を含めた数字を意識させている。少数精

美術品修復のための写真スタジオ
X 線撮影／紫外線撮影による美術品の状態確認を行う。

鋭で企画から運用まで社員が責任を持って実行すればきちんとした
サービスが提供できて，結果として適正な利益を得ることができ
る」といいます。寺田倉庫はアートを保管するだけでなく輸送や展
示まで社員による内製にこだわっているからこそ，可能なかぎり外
注費を抑えた高収益を維持できているのです。

　是川氏は「自分は美大も出ていないし過去に美術の仕事に携わっ
ていたわけでもない。前職では IT ビジネスに携わっており数多く

顧客向けにオンラインで保管作品を管理できるクラウドサービス

の新規事業を手がけてきた」と語っており，実際に寺田倉庫は是川氏にかぎらず，美術を学んでいた社員のほうが少数です。倉庫業に携わっていた社員も今では減少傾向にあり，その多くは異業種からの転職組です。

3　天王洲の場所の価値を高める

　中野氏が社長として就任した2012年頃，天王洲エリアは品川に近いにもかかわらず地価は決して高いと呼べる状況でなく，他所と変わらない倉庫街でした。寺田倉庫は約30万平方メートルのスペースを保有していましたが，坪単価は数千円程度しかなく，収益性を高めるには土地の価値を高めることが必然でした。そこで寺田倉庫はアートを預かるのはもちろん，アートを活用するさまざまな手法を用いて天王洲エリアを価値化する活動＝プレイス・ブランディングを展開しました。これを寺田倉庫では「エリアリバイバル事業」として自社のビジネスとして明確に定義しています。

　エリアリバイバルは，天王洲エリアを中心に寺田倉庫が持つ土地

天王洲にあるボンドストリートや三信倉庫の壁にはアーティストによる壁画が描かれている
アーティスト：ARYZ，©Tennoz Art Festival 2019，photo: Shin Hamada

アーティスト：Yusuke Asai，©Tennoz Art Festival 2019，photo: Shin Hamada

や建物の資産を活かした事業です。たとえば，天王洲でコンテンツストックサービスを手がける株式会社アマナには，天井の高い倉庫スペースの特性を活かして撮影しやすい空間を提供しています。アマナの通りに面した道は，保税倉庫が立ち並ぶ通りだったことから「ボンドストリート」と呼ばれており，美術作品の展示スペース，ウッドテラスを設けたカフェの運営などお洒落なエリアに開発され生まれ変わりました。ボンドストリートの奥には自家醸造のブルワリーレストラン「T. Y. HARBOR」があり，天王洲エリアを活性化させる人気スポットとなっています。

　エリアリバイバルの活動の大きな柱としても，アートは重要な要素となっています。国内外のアートコレクターが安心して作品を預ける広大な美術品倉庫とビューイングルーム，主要ギャラリーが集うTERRADA ART COMPLEX，寺田倉庫のレンタルスペースは数々のアートイベントの会場となってきたことで，富裕層をはじめとした新たな顧客を天王洲に呼び込むことができました。

　需要側を呼び込むだけでなく，供給側＝アーティストを支える活動も行っています。2017年にはアート業界を支援する目的でアートアワード「ASIAN ART AWARD」に特別協賛し，国内外のアー

ティストを表彰して活動を下支えしています。さらに天王洲界隈の
ビルの壁面などをキャンバスとして開放し，国内外のアーティスト
に作品を描いてもらう国内最大級の壁画イベントも行っています。
伝統画材を取り扱う「PIGMENT TOKYO」では，スタッフとして
若手アーティストが働いており，店のショーウィンドウではその
アーティストたちがみずからの作品を展示することで来店客にみて
もらう機会を設けています。

　天王洲は，いまやアートコレクターとアーティストがどちらも集
う場所となりました。十数年前までは倉庫街としてイメージされて
いた場所であったことを考えると，劇的な変化を遂げていることか
らプレイス・ブランディングに成功したといっても過言ではないで
しょう。寺田倉庫は美術館と同じように，保管だけでなく展示や輸
送，ときにアーティストを支援することで，アートというモノの価
値を高めています。そのアートの中心地が天王洲エリアとなり急速
な発展を遂げて，結果として寺田倉庫の所有する土地は坪単価が5
倍となったのです。

4　ステークホルダーと一緒に文化を創る

　寺田倉庫はアートを活用した新規事業を数多く手がけながら，
アートの活動を支えることで天王洲エリアの再開発を担った一風変
わった倉庫会社です。その原点には「余白創造のプロフェッショナ
ル」という企業理念があります。モノを保管するだけでなく，預け
た人々の生活を向上させて，ひいては文化の創造に貢献するために
空間を使うという考え方が息づいています。

　アートもモノであり，長い時を経たからこそ創り出される価値が
あります。寺田倉庫はアートを保管しているのはもちろん，アート
をさまざまな場所へ運んだり展示したり，はてはアーティストの支
援までしています。ユニークな事業の拡張によって社内を活性化さ
せ，その活動すべてを天王洲という場所で行うことで，自社および
場所の高付加価値化＝ブランディングに成功した企業でもあります。

　その経緯をたどってみて気づかされるのは，寺田倉庫は自社がな

にかモノを作っている会社ではないという事実です。寺田倉庫は，モノを預かったり移動させたりすることで生じる「余白」に価値を与えて創造することにこだわった会社です。寺田倉庫が見てくれている空間だから預けたい，寺田倉庫が演出してくれるなら自分の大切なモノを演出してもらいたい，寺田倉庫と一緒になにかを創りたい。アートを中心としたさまざまなモノや人の想いそのものに寄り添うことで，そこになにもないように見えても確かな想いがある。それが寺田倉庫の捉える「余白」のように見てとれます。

　現在の寺田倉庫のホームページ（2019 年 11 月現在）には「文化を，あなたと創る」というヴィジョンが示されています。余白創造によるイメージ戦略を手がけて，天王洲のリブランディングまで成功した寺田倉庫の次なる展開は，さまざまなステークホルダーとともに文化創造するイノベーションへの挑戦です。その挑戦においてもアートは重要な要素であり，アーティストやアートコレクターは欠かせないステークホルダーとなっているのです。

　本章の執筆にあたり、是川泰之氏（TERRADA ART ASSIST 株式会社）にご協力いただきました。感謝申し上げます。

参考文献

Business Insider Japan「寺田倉庫が現代アートの世界的パトロンになった理由——坪単価 5 倍以上の高付加価値空間ビジネスに大転換」2018 年 8 月（https://www.businessinsider.jp/post-172911）。

畠山仁友・上原拓真（2017）「倉庫ビジネスから高付加価値の空間活用ビジネスへの転換——寺田倉庫」『マーケティングジャーナル』36（4）。

03

アートでイノベーションを起こす

キーワード

TENORI-ON　　YouFab ヤマハ賞

新たな価値創出

アートインタラクション・デザイン

　本章では，楽器／音響機器メーカーであるヤマハ株式会社（以下，ヤ
マハ）に焦点をあてます。ヤマハはさまざまな形でアーティストとの
協業をすすめ，商品開発に取り組んでいる企業です。アートの視点を
ビジネスに取り入れることで，どのようなイノベーションがもたらさ
れ，どのように新たな価値の創出がもたらされているのでしょうか。
創業時から順に追いかけてみましょう。

1　ヤマハとはどのような企業か

創　業

　ヤマハとは，どのような企業なのでしょうか。創業は 1887 年，
創業者である山葉寅楠氏が，輸入オルガンの修理をきっかけに，国
内初となる国産オルガンの製造販売を始めたところにさかのぼりま
す。その後，1950 年代以降には，音楽教室事業を開始するとともに，
国際化の波に乗り事業規模の拡大を繰り返し，いまにいたります。

ヤマハ INNOVATION ROAD
ヤマハ本社（浜松市）に 2018 年 7 月にオープンした企業ミュージアム。研究・開発部門が集約され
て設置されイノベーションセンター内の 1 階に位置しており，楽器などの商品に実際に触れられるだ
けでなく，イノベーションを軸としたヤマハの商品開発の歴史をまとまった形で体験することができ
る（©Yamaha Corporation）。

　現在では国内 6 拠点に加え，海外に 31 拠点を保有し，海外連結売
上高 4374 億円（2019 年 3 月期）をほこる，ピアノやギター，オー
ディオなど楽器・音響機器を製造する世界最大の総合楽器メーカー
です。
　ヤマハを，たんに楽器メーカーであると捉えるなら，いわゆる
メーカー企業が自社製品のユーザーでもあるアーティストとの協業
により，よりユーザー＝アーティストのユーザビリティに配慮した
商品開発をするという流れは，比較的よくある図式であるとも考え
られます。しかし，実はヤマハ全体の売上比率における楽器事業の
割合は 6 割程度です。むしろヤマハは，オーディオやミキサーやア
ンプに代表される業務用／一般ユーザー用の音響機器に加え，音声
会議システムや車載の音響電子部品などの工業製品を大量に生産・
販売する，音響・音楽領域における大企業メーカーである側面を
もっています。また，当然，株式会社の経営という側面からも生産
効率や収益性を守ったうえで事業化することが求められるため，
アーティストの声だけが特別に優遇されるというわけではありませ

ん。

　そのような前提を共有したうえで，ヤマハのビジネスにどのような形でアートの視点が取り入れられてきたのか，見ていきましょう。

アーティストとの新規事業開発／商品開発

　ここで，ヤマハで実施された新規事業開発や商品開発の取り組みのうち，筆者がユニークだと感じたものをまとめてみます（表3-1）。

　これらの新規事業開発の取り組みを，アーティストとの関わりという視点で捉えると，アーティストの作品をもとにアーティストとともに新しい楽器をつくる取り組みや，既存の商品知識や社内における常識，さらに企業に関する想いなどのバイアスを排除するために，社内だけでなく社外の思考を取り入れて商品開発を行おうとする試みなど，その関わり方の手法もバラエティに富んでおり，ヤマハが事業開発／商品開発の手法自体を試行錯誤し，プロトタイピングしていた流れを見てとることができます。

　これらの取り組みのうち，本書においては，アートの視点を取り入れるだけでなく，実際にアーティストとの直接的な対話を繰り返し，ともに思考することから生み出された「TENORI-ON」と「YouFab ヤマハ賞」という2つの実験的なプロジェクトを，特にイノベーティブな事例であると捉え，詳細に分析していきたいと考えています。

表 3-1　ヤマハにおけるユニークな新規事業プロジェクトと変遷

時　期	名　称	概　要
2007 〜 2008 年	TENORI-ON	岩井俊雄と共同開発した未来の楽器プロジェクト
2013 〜 2016 年	Start-up Sketching	デザイン思考の手法を取り入れたワーキンググループ
2016 〜 2017 年	Play-a-thon	外部クリエイターとの共創を目的とした楽器を創るハッカソンイベント
2015 年〜	Value Amplifier	ヴィジョンを重視する，社内起業家向けビジネスプラン公募制度
2016 年〜	YouFab ヤマハ賞	デジタルファブリケーションにおけるクリエイションを評価する贈賞制度

2 未来の楽器「TENORI-ON」

未来の楽器

　ヤマハがアーティストと協業する形で商品開発に取り組んだ最初の事例として，2007 年に発売された「TENORI-ON」を取り上げます。TENORI-ON は，ヤマハ株式会社とメディアアーティストの岩井俊雄によって「未来の楽器」というコンセプトに沿って共同開発された電子楽器です。

　ひとことで電子楽器といっても，従来の電子楽器にある鍵盤やパッドなどのインターフェースを排除し，正方形の筐体のうえに 16 × 16 で敷き詰められた 256 個の LED スイッチを手でポチポチと押すと，その動きに同期して現れる光のパターンとともにサウンドを楽しむことができるという，ほかに類を見ない仕様です。ユーザーは，楽譜を読む必要もなく，メロディやコード進行を覚えることなしに誰でも簡単にボタンに触れるだけで，聴覚のみならず視覚的にも楽しめる，かつその演奏動作を動きとしても楽しむことができる，新しい演奏体験をすることができます。その操作性はゲームのようでもあり，メディアアート作品のようでもあります。

TENORI-ON が生まれるきっかけ

　TENORI-ON は，岩井俊雄により 2000 年にメディアアートの作品として発表されたものが原案となっています。ゲーム機のボタン操作で画面上にドットを配置することで簡単に作曲ができる作曲シ

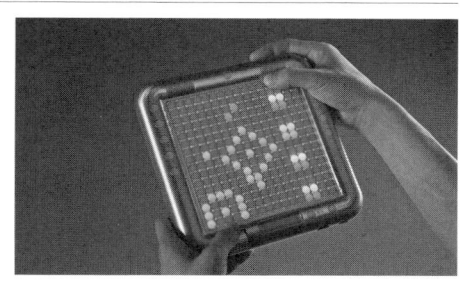

ヤマハがメディアアーティストの
岩井俊雄と共同開発した
「TENORI-ON」
©Yamaha Corporation

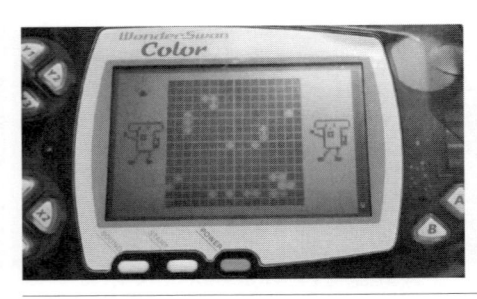

携帯ゲーム機版「テノリオン」
2001 年に岩井の自主制作によって
120 個限定で発売された，携帯ゲーム
機ワンダースワン版「テノリオン」の
実際のプレイシーン
https://www.youtube.com/watch?v=
woYTC-g9o30

ミュレーションソフト「テノリオン」は，アート作品でありながら，携帯ゲーム用のソフトでもあるというユニークな属性を持っていたため，それを当時ヤマハ社内で，イノベーティブテクノロジー開発本部に在籍していた西堀佑氏が目にし，興味を持ちます。

　当時，ヤマハ社内では，創業以来の楽器／音響という分野において培われた技術力に加え，1970 年代から他社に先がけて取り組んでいたデジタル技術を応用することで，従来のアナログ，デジタルの枠にとらわれない新しい楽器をつくろうという機運が高まっていました。その動きのなかで，もともとプレイヤーとしてギターを演奏していた経験をもつ西堀氏が，外部のアーティストやクリエイターたちに「未来の楽器を考えてほしい」と声をかけていったことが，TENORI-ON 開発のきっかけとなるのです。

　結果的に TENORI-ON は，複合的な開発コンセプトをひとつの「楽器」に着地させた新しい体験づくりが評価されて，2008 年の文化庁メディア芸術祭エンターテインメント部門でグランプリを受賞しています。また，実際に，世界的アーティストである Bjork がワールドツアーで TENORI-ON を演奏したことや，オノ・ヨーコの CD ジャケットでそのヴィジュアルが使用されるなど大きな話題となりました。TENORI-ON はアートとビジネス，アーティストと商業プロダクトを結びつけたプロジェクトとして，当時はもちろん，いまもなお先進的な事例であると考えられます。

アーティストと企業の二人三脚

　TENORI-ON は，アーティスト岩井俊雄のアイデアをもとにしながら，ヤマハの商品開発担当者である西堀氏と二人三脚で作りあ

TENORI-ON の1次プロトタイプ

げた作品であり商品であると捉えることができます。ここでは，さ
らにその開発の過程を詳細に見ていきたいと思います。

　岩井俊雄は，映像と音をテーマに作品を制作するアーティストで
す。著作のなかでも「もともと世界において映像と音は常に一緒に
存在していたはずだ。……僕らは映像と音が別々であることに何の
疑問も抱かなくなった」と語っており，彼が当初より映像と音を同
期させることに高い関心を持っていたことを，うかがい知ることが
できます。

　岩井は1990年代頃から，楽譜を読むことの煩わしさから解放さ
れ，もっと簡単に音楽をつくることができないものかと考え始める
ようになります。その過程で，手回し式のオルゴールにおける紙
テープの穴と，そこから生まれる音の関係に着想をえて，新しい視
覚表現と音／音楽の融合を試みることを思いつきます。そのような
過程で生まれてきたのが先に紹介した，携帯ゲーム機版「テノリオ
ン」でした。

　2001年頃，ヤマハでイノベーティブテクノロジー開発本部に在
籍していた西堀氏は，ネットワークを使った音楽体験の試みを研究
しており，その過程で岩井と出会い，携帯ゲーム機ワンダースワン
版「テノリオン」を目にします。音を素材として作品をつくる原案
を温めている状態のアーティスト岩井と，学生時代にアコース
ティックギターやエレキギターのプレイヤーとしても音楽に対する
情熱を持ち，かつヤマハで商品開発と新規事業を担当していた西堀
氏の出会いが，TENORI-ON 誕生の大きな契機となります。

　アーティスト岩井俊雄と西堀氏が互いを補完しながらアイデアのキャッチボールを重ねていき，2003年秋にTENORI-ONの1次プロトタイプが完成します。

　西堀氏はインタビューのなかでこう話しています。

　岩井さんがソフトウェアを，ヤマハがハードとメカを担当しました。1次プロトタイプのソフトウェアは，僕も書きました。それを岩井さんに見てもらい，デザイン込みの2次試作では，岩井さんに「これでいこう」というレベルのものを書いていただきました。それをベースとして，ヤマハのソフトウェア開発部隊が商品化していったのです。岩井さんが感覚でTENORI-ONの魅力を作る。それをヤマハが仕様に落とし込む。たとえば，光が広がるスピードも岩井さんは感覚で一番気持ちのいいスピードを見つける。感覚で作ったものだから仕様が存在しない。そこで，私たちが岩井さんの感覚を数値化して，仕様を作っていきました。けっこう大変な作業ではありましたが，これをしたので商品化できたのだと思いますね。

　この発言からは，アーティストがアイデアを出して，企業がそのアイデアを実装する，という従来の棲み分けにとらわれるのではなく，アーティストである岩井自身がプロトタイプ開発に関わり，さらにヤマハ社員であった西堀氏も，自らコーディングを実装するのみならず，アーティストの動きに密に関わり，互いの対話を重ねるなかで，商品が開発されている経緯が見てとれます。さらに，

ヨーロッパの音楽イベント
SONAR2006のリハーサル
シーン
岩井俊雄（左）とともに西堀氏
（右）がTENORI-ONをプレイ
した。イベントなどで実際にプ
レイするときも，2人はともに
ステージに立ち共演していた。
（https://tenorion.exblog.jp）

TENORI-ON 発売時期に行われた世界各国でのライブパフォーマンスにおいても，岩井とともに西堀氏がステージに立ち，ともに音を紡ぎプレイしていました。実際の商品開発のみならず，商品を使用するシーンをともに想像し，実際につくりあげていく姿勢，つまりアーティストと企業との価値観の共有からなる協業こそが，新商品開発の根幹となっていたのではないかと考えられます。

アートパワーをビジネスに

　岩井俊雄は TENORI-ON を発表するプレスリリース発表会で「電子技術は進歩したが，新しい楽器を生み出す力は弱くなってしまったのではないだろうか」と述べており，その想いが TENORI-ON の開発の動力源になったといいます。この想いこそが，楽器というものの存在，もしくは楽器と音楽との関係性のあり方自体に問いを投げかける問題提起であり，まさにアートパワーの発露であったのではないかと考えられます。

　さらに続けて，岩井は「もしかすると音楽というモノを，一次元的な時間の流れだけでなく，たとえば我々がグラフィックとか立体とかそういう二次元や三次元で扱ってるモノとして，扱うことができたら，もしかして音楽というモノを，もっともっと発展させることができるんじゃないか」と述べています。この思考こそが，自ら投げかけた問いに対する想像力の駆動そのものであり，その先の実践につながる道を示す道標となったと考えられます。

　当時，このようなアーティストの視座は，なかなか企業の内部からだけでは出てこない貴重なものであったと推察されます。それに加え，企業側にその貴重な視座を実際の商品開発にまでつなげる技術力の蓄積があったこと，そしてアーティストの視座を尊重し，きちんと理解しようと尽力する企業側の姿勢，そしてアーティストが作品をアウトプットするのと同じレベルで商品のクオリティを保とうとし，時間軸を合わせようとする姿勢などが揃っていたことが，TENORI-ON という新商品開発に結実したと考えられるのです。

3　枠組みからの新規事業開発

TENORI-ON の先へ

　TENORI-ON はアーティストと企業がともに商品開発する先進的な試みでしたが，一時的な特例でもありました。そんななか，2013 年にヤマハ社内でデザイン・シンキングを用いた新規事業開発を目的とする社内ワーキンググループ「Start-up Sketching」が開始されます。動きだしたのは，新入社員時から TENORI-ON チームにも関わり，アーティストの思考法を，事業開発につなげていきたいという志を持ったヤマハ社員の神谷泰史氏（現在はヤマハを退職して TAKT PROJECT 株式会社に在籍）でした。

　神谷氏は「TENORI-ON で兆しが見えたアーティストと企業との新しい関係性を構築したかった」といいます。Start-up Sketching はテーマとメンバーを決めて，3 カ月単位でアイデアの着想から実際にプロトタイプの制作までを行う新規事業開発プロジェクトでした。2013 年から 2016 年の 3 年にわたり継続的に行われた同プロジェクトは，デザイン・シンキングの興隆とも同期したこともあり，瞬く間に社内に広まり，最終的には 100 人以上の社員が関わる規模にまで拡大しました。Start-up Sketching のプロジェクトは，社内横断型であり，既存の部署での事業に比べ参加メンバーの多様性が担保されるとともに，既存事業部では取り扱っていない新規の事業エリアを拡張することを念頭に置いたものであり，かつ構想のみで終わることなく事業化を志向する性質を持っていたため，これまでのヤマハでは見られない新しい動きを起こすことに成功したと神谷氏はいいます。

　3 年間のプロジェクトを通じ，参加メンバーが学んだことは，社内メンバーだけで新規事業を考えると，どうしても商品知識や常識，ヤマハに対する想い入れといった先入観にとらわれてしまうという感覚であった。

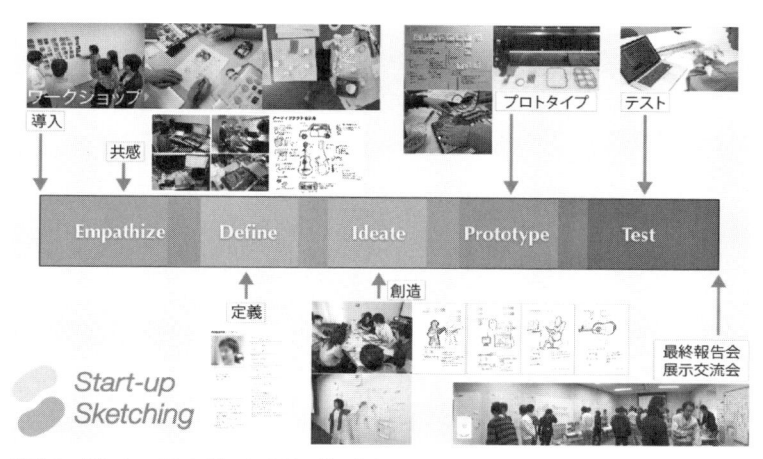

図 3-1　「Start-up Sketching」のプロジェクトフロー
(https://www.ipsj.or.jp/dp/contents/publication/32/S0804-S06.html)

　さらに「Start-up Sketching ではデザイン・シンキングを採用している ため，既存事業の課題解決を志向しがちとなり，事業としては小さく収まる傾向にあった」とも神谷氏は語っています（図3-1）。

　そこで，Start-up Sketching での学びを活かし，さらに大きく発想を飛躍させるため，神谷氏を中心としたヤマハ社内メンバーを中心に，外部のクリエイターやアーティストを取り入れた新しいプロジェクトをいくつか試験的に開始することとなります。試行錯誤の結果，神谷氏は「やはり TENORI-ON のように，アーティストと一緒に考えながら形にするプロセスがヤマハにはあっているのではないか」との考えにいたります。その想いを反映させる形で 2016 年に始まったのが「YouFab Global Creative Awards ヤマハ賞」（以後，YouFab ヤマハ賞）の取り組みです。

“作品”を“商品”として再解釈

　株式会社ロフトワークと FabCafe Global が主催する「YouFab Global Creative Awards」とは，デジタル工作機械を用いて作られたクリエイション・発明のアイデアを評価する贈賞制度です。この枠組みにヤマハが企業として協賛したのが「YouFab ヤマハ賞」でした。特別賞として設けられた YouFab ヤマハ賞の取り組みを通し

YouFab ヤマハ賞受賞チームと共同開発した「emoglass」の展示風景（渋谷ヒカリエにて。https://www.youfab.info/2016/yamaha_exhibition_report.html?lang=ja）

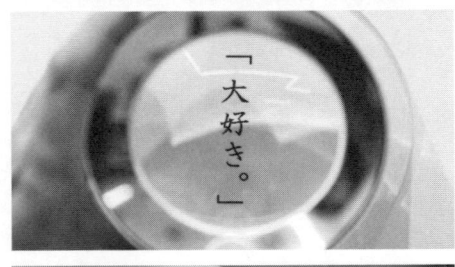

一つひとつの言葉にルーペを当てると，その言葉が音声で読み上げられるしくみ。

その音声はバリエーション豊かであり，書かれた視覚的な情報が，音に変換される過程自体を楽しむことができるツール。

て，アーティストやスタートアップ企業の自由な作品を募り，その作品が持つ独自の視点をもとにしてヤマハと事業開発を目指すという実験的な共創プロジェクトを行ったのです。

　ヤマハはあらかじめテーマを設定し，それに合致する作品を広く募集する形式をとったところ，2016 年 8 月から 10 月末までの公募期間中に世界 27 カ国から 147 作品もの応募が集まりました。審査の結果，文字を音声に変換することで，さまざまな原因により文字を読むことが困難な方々を支援する「OTON GLASS」というスマートグラスがヤマハ賞として選出されます。受賞後，ヤマハは OTON GLASS 開発チームと共同で，視覚的な意味や形を音にかえ

る「emoglass」を開発しました。「emoglass」は emotion と glass を
組み合わせた呼び名が示すように「視覚情報がエモーションを持っ
たら世の中はどのように感じられるだろうか，という問題提起の機
能を持つプロトタイプ」として設計されました。

　実は，YouFab ヤマハ賞は，ヤマハ社員であるだけでなく，自ら
もサウンドアーティストとして活躍する神谷氏の「アーティストを
商品開発のアドバイザーとして参加させるのではなく，アーティス
トが自主的に作品として考案したものを企業が受け取り，企業側が
コンセプトを再解釈するほうが，結果として意義がある価値を生み
だしやすい」との考えをベースとしていました。その考えに従い，
アーティストが自らやりたい，つくってみたいという想いをベース
にヤマハ賞応募者自身に提示させる形式を採用したことが，アー
ティストとヤマハの共創の成功要因としてきわめて大きいのではな
いかと考えられます。

4　アートでイノベーションを起こす企業

新たな価値創造

　TENORI-ON，Start-up Sketching，YouFab ヤマハ賞を追ってき
ましたが，ここまで述べてきたアート／アーティストの思考を基軸
に新たな価値創出をもたらす効果を，神谷氏は「アートインタラク
ション・デザイン」という概念として捉え，研究開発をすすめてい
ます。ここでいう「新たな価値創出」には，いわゆる課題解決とし
てのソリューション提案のみならず，「意味のイノベーション[★1]」な
どの概念に含まれる，そもそもの課題設定や問題提起自体に対する
固定的な視点を疑い，新たな視点から課題を捉えるという，包括的
な意味でのイノベーションの概念が含まれます。それらの価値創造
領域においては，既存のデザイン・シンキングの限界も指摘されて

★1　ミラノ工科大学のロベルト・ベルガンディ教授の提唱する概
念。製品／サービスの仕様や機能を変えることなく，その製品／
サービスによって付与される「意味」を変化させることで，まった
く新たな購買動機を創出する手法。

おり，そういった領域において，「自身のフィルタを通して社会の変化の兆しを読み取り解釈し，作品という形で世の中に提案されたもの」であるアート作品が提供する視点が，新たな価値創出の助けになる，と神谷氏は考えているのです。

　実際，ヤマハでアート／アーティストの思考を事業開発に取り入れるさまざまな取り組みを通して神谷氏は，最も価値があったのは「企業が考えもしなかった未知なることを，外部から提言してもらえることだった」と発言しています。課題解決のアプローチでは，商品の機能やユーザーの利便性に目が行きがちになります。アートによる問題提起と，そこからの課題設定のアプローチによって，企業が持つ先入観をいったん外して，企業としてのあるべき姿／必然性を追求することが大きな価値を持つと考えられるのです。

　一方で課題もあります。アート／アーティストの思考を軸とした新たな価値創出はその方法論がまだまだ確立されておらず，TENORI-ON の開発過程においても明らかなように内容や進め方がどうしても属人的にならざるをえません。特にアーティストとの対話や議論による信頼構築は，社内の担当者の感性や経験に委ねられがちになります。それらのハードルを乗り越え，ヤマハが Start-up Sketching や YouFab ヤマハ賞のような定型化されたプログラムとして一定期間とはいえ継続実施した点は，社外発信向けの新規事業イベントを一度やって終わりになりがちな企業が大いに学ぶべきポイントであると考えられます。また，本書では紹介していませんが，ヤマハには社員の中にプレイヤーとして音楽に関わる社員や音楽アーティストとしてプレイする社員も少なからず存在するため，彼らのアーティストとしての感性を活かし自由に社員にアイデアを考えさせる手法や，社外のクリエイターが考えるアイデアにヤマハ社員が助言する手法など，さまざまなプロセスを試みています。それらをヤマハの企業理念「感動を・ともに・創る」に照らして考えると，アーティストと企業が共創する方式，つまり TENORI-ON や YouFab ヤマハ賞のように，社員がアーティストと直接コミュニケーションを取りながら価値を創出する取り組みこそが，最もヤマハらしく，かつ意義があるものなのではないかと考えられます。

アート／アーティストの思考を軸に

しかしながら，アート／アーティストを基軸とした新たな価値創出は，先進的な取り組みを行う事例として本章で取り上げたヤマハにおいても，いまだ十分に確立されているとはいいがたい状況です。実際，この取り組みをヤマハ社内で牽引していた神谷氏も，新規事業の価値創出に活用することを目的として，デザイン・シンキングのプロセスにアーティストの思考を参考にした視点発見のプロセスを統合した考え方（アートインタラクション・デザイン）は，いまだ研究開発途上であると語っています。

今後の流れとしては，アーティストに対し企業内部では変えにくいことを打破するための役割を期待し，アーティストをあくまで企業外部の声として位置づけるのではなく，時にはアーティストを企業の内部に取り込み，内側からイノベーションを起こしていく方法も選択肢として考えられるのではないかと考えられます。最近，実際にそのような試みを行う企業が出てきており，それらは第9章で「アーティストインカンパニー」としてまとめ，事例紹介をしていきます。

昨今では，Rhizomatiks（株式会社ライゾマティクス）や teamLab（チームラボ株式会社）に代表されるような，デジタル技術に長けたアーティストが組織を形成し，企業との協業や商業ビジネスも展開し，同時に経営者としてビジネスを行うといった事例も，徐々にではありますが増えてきています。彼らの活動においては，アートとビジネスの境界は曖昧となり，その企業体としてのイメージはきわめて越境的なものとなっています。今後は，ビジネス側からアート／アーティストにアプローチするという方向性のみではなく，アーティスト側からのビジネスへのアプローチが，協業，起業などの形式にとらわれず増えてくることが期待されます。

本章の執筆にあたり，神谷泰史氏（TAKT PROJECT 株式会社）にご協力いただきました。感謝申し上げます。

参考文献
ASCII.jp ×ビジネス「6年間の開発魂！ 楽器 NG でも作曲家にさせる

ヤマハ「TENORI-ON」」2008/4（https://ascii.jp/elem/000/000/124/124011/index-2.html）。

ベルガンディ，ロベルト（2016）『デザイン・ドリブン・イノベーション』佐藤典司監訳，岩谷昌樹・八重樫文監訳／訳，立命館大学 DML 訳，クロスメディア・パブリッシング。

CNET Japan ニュース「現在の楽器インターフェースは最適解か？──岩井俊雄氏，TENORI-ON を披露」2007 年 12 月 3 日（https://japan.cnet.com/article/20362376/）。

Engadget 日本版「テノリオン──ヤマハと岩井俊雄のコラボレーション」2005/7/30（https://japanese.engadget.com/2005/07/30/yamaha-tenori-on/）。

Excite blog「TENORI-ON 開発日誌」（https://tenorion.exblog.jp）。

flickr FabCafe 20170308_YouFab2016 Exhibition（https://www.flickr.com/photos/fabcafe/albums/72157679268623521/）。

岩井俊雄（2000）『岩井俊雄の仕事と周辺』六耀社。

神谷泰史（2017）「アートの視点を取り入れた価値創出の可能性──ヤマハ（株）の新規事業開発の取組み事例から」『デジタルプラクティス』8（4）。

Medium「Art Interaction──アートとビジネスの間のインタラクションデザイン」（https://medium.com/art-interaction）。

日経デザイン編（2014）『実践 デザイン・シンキング──クリエイティブな思考で，ゼロ発想のイノベーションへ』日経 BP 社。

日経 XTECH「原点はオルゴール──コンセプト・メーカーが明かす TENORI-ON 誕生まで」2008/4（https://tech.nikkeibp.co.jp/dm/article/NEWS/20080428/151168/）。

Video Games Densetsu「Tenori-On/ テノリオン（Wonder Swan-2000）」2016/9/30（https://www.youtube.com/watch?v=woYTC-g9o30）。

YouFab Global Creative Awards 2016（https://www.youfab.info/2016/index_jp.html?lang=ja）。

YouFab「視覚的な意味や形が音になる『emoglass』プロトタイプ誕生」2017/3/28（http://www.youfab.info/2018/yamaha_exhibition_report.html）。

04

アートで組織を活性化する

キーワード
組織活性化
アート・イン・オフィス
芸術部
コミュニティ

アートで組織が活性化する。そういわれてもピンとこないかもしれません。しかし現実にそうした効果がアート・イン・ビジネスの世界では認められています。その事例として，本章ではマネックスグループ株式会社（以下，マネックス）と，アクセンチュア株式会社（以下，アクセンチュア）を取り上げます。

マネックスでは，オフィスでアーティストに制作と展示をしてもらう「ART IN THE OFFICE」に取り組んでいます。アクセンチュアは「芸術部」という部活動を立ち上げ，社内外でさまざまなアートイベントを行っています。2つのケースを通じて，アートが組織の活性化に及ぼす効果について検討していきましょう。

1 マネックスでの組織文化の変化

創造性の重視

　マネックスは 1999 年，ソニー株式会社との共同出資で設立されたオンライン証券会社です。創業者の松本 大氏は，起業する前には金融機関のゴールドマン・サックス証券株式会社に勤めていました。1994 年には当時の史上最年少記録である 30 歳にしてジェネラル・パートナー（共同経営者）に就任し，トレーディング業務の責任者などを担当します。

　松本氏がゴールドマン・サックスを退職し，オンライン証券会社をつくろうと考えたきっかけは，インターネットと出合ったことでした。当時はグーグルの日本語検索サービスが行われておらず，インターネットの普及率は 13% の時代です[★1]。しかし松本氏は将来，インターネットによって個人が投資判断をして，株式を売買する時代がやってくると考えていました。加えて 1999 年には株取引の手数料の自由化がひかえており，オンラインでの取引が増加するタイ

「first "I.U" zone.2」（2019）
吉田桃子
会議室の壁面に，ART IN THE OFFICE の作品が描かれている。

松本大氏

ミングだと判断して，起業を決意したのです。松本氏は「未来を想像し，新しい金融を創造する」ことを企業理念にマネックスを立ち上げ（上坂 2011，武田・松本 2000，松本 2003，2013，2019），企業理念を実現する創造性と，自分で決断して行動に移す自律性をもってマネックスを育てていきました。

同時代を生きる人とのコミュニケーション

創造性と自律性をもって物事に取り組む姿勢は幼少期からの体験に根ざしており，アートとも深く関わっています。松本氏は出版社に勤めた父親の影響で，子どもの頃からアートブックや写真が身近にありました。幼稚園に通う頃には写真を撮影し，モノクロフィルムの現像もしています。写真集を見ることもあれば，学校の近くの出光美術館で中国の青白磁や掛け軸を見ることもあり，幅広いジャンルの作品と身近に接してきました。

1987 年に，金融機関のソロモン・ブラザーズ・アジア証券に入社します。研修でニューヨークに住むことになり，時間があれば

★1　1998 年のインターネットの人口普及率は 13.4%。「平成 23 年版 情報通信白書」（http://www.soumu.go.jp/johotsusintokei/whitepaper/ja/h23/html/nc341110.html）
★2　NewsPicks / 2015 年 9 月 19 日 /「『先生が言っていることはおかしい』小学 2 年生で退学になる」（https://newspicks.com/news/1165753/body/）

ニューヨーク近代美術館やメトロポリタンミュージアムなど，さまざまな美術館に通いました。このとき，現代アートとは何かを捉えることができたそうです。それは，現代アートが「生きている」ということです。[4]松本氏は，同時代を生きるアーティストが私たちにコミュニケーションを求めているようだと感じ，現代アートもビジネスも，同時代を生きる人とのコミュニケーションであると気づきます。

　このように松本氏は，ビジネスとアートとの親和性を感じていました。そこでマネックスのオフィスを拡張したときに，部屋の壁に展示する現代アート作品を公募し，アーティストにオフィス内で制作してもらうという案を思いつきます。こうして ART IN THE OFFICE が始まりました。

2　ART IN THE OFFICE の 5 つのステップ

　ART IN THE OFFICE は 2008 年に，NPO 法人アーツイニシアティヴトウキョウ［AIT/ エイト］の協力のもとで始まりました。毎年，公募で選ばれたアーティストは賞金・制作費を受け取り，オフィスで滞在制作を行います。完成した作品は 1 年間，オフィスの入り口から最もよく見えるプレスルームに飾られます。

　ここで，1 年の流れを順に説明しましょう（図 4-1）。

①募　集
　公募は春に行われ，毎年 80 〜 100 通ほどの作品プランが送られてきます。アーティストは，作品タイトルやコンセプト，内容の案を出しますが，プランなのでどんな作品が生まれるかは最後までわ

★3　ARTLOGUE/2018 年 11 月 8 日 /「アートは "人間のあたりまえの営み" マネックス 松本大が語るアートの価値とは。幼少期から現在までのアートとの関わりを聞きました。」（http://www.artlogue.org/node/4128）
★4　GQ / 2015 年 10 月 15 日 /「200 回行っても飽きない街——松本大さんが過ごした NY での時間」（https://gqjapan.jp/new-york-minute/interview/20151013/nym-oki-matsumoto）

| ① 募　集 | アーティストから，制作プランを募る。 |

⇩

| ② 審査会 | 専門家や経営者などの多様な観点から作品を選ぶ。 |

⇩

| ③ 滞在制作 | アーティストがオフィスにて，制作・ワークショップを行う。 |

⇩

| ④ レセプション | 作品のお披露目パーティーを行う。 |

⇩

| ⑤ 発　信 | 作品ヴィジュアルをアニュアルレポートなどに活用する。 |

図 4-1　ART IN THE OFFICE の年間フロー

かりません。

②審査会

　作品プランの募集後，審査会が開かれます。アートの専門家や松本氏のほかにも，さまざまなゲスト審査員を呼ぶことが特徴です。いままでにも株式会社サイバーエージェントの代表取締役社長，藤田晋氏や，メガネショップ JINS を展開する株式会社ジンズホールディングス代表取締役 CEO の田中仁氏をはじめ，毎年アートとは異なる業界の人々が審査に参加しています。アートとビジネスとの新たな接点を作ることで，両者に新しい風を吹きこもうというものです。

　審査ではまず，各審査員が良いと思った作品プランを数点ずつ選びます。そのうちで，さらに良いと思った作品を選んで話し合います。候補が絞られたら，最後に各自がベストだと思うアーティストを指名します。この対話による審査法とゲスト審査員の参加により，受賞作の作風は毎年変化しています。

③滞在制作

　選出されたアーティストには 50 万円の賞金および 10 万円の制作

費が支払われます。アーティストはマネックスのオフィスに通い，時には社員とも対話しながら作品を制作します。制作期間は1週間から1カ月ほどです。満員電車に揺られて出社するのははじめて，という人もいて，アーティストにとっても刺激になります。また，マネックスの ART IN THE OFFICE の特徴は社員が参加する「ワークショップ」です。これは社員がアートに触れる貴重な体験となり，かつ社員同士の部署を越えた交流を生み出す機会にもなります。

　2018年に制作された「見えない地図を想像してください」ではのべ60名の社員が集まり，真っ白いプレスルームの壁に「見えない地図」を想像しました。参加者の頭の中で地下鉄のマップや世界地図，あるいは空想の場所などを思い浮かべてもらい，思いついた都市名を部屋の壁に書きこんでもらいます。最後に作家がその都市名同士を結ぶと，不特定多数の場所に記された都市名がひとつの像を結びます。

　制作した金子未弥[5]は都市を「不特定多数の場所で同時多発的に変化する場」と捉えます。多数の個人がさまざまな場所で記した都市名が，互いに影響を与えながら重なって地図が浮かび上がっていく。

「見えない地図を想像してください」
（金子未弥，2018）

「見えない地図を想像してください」のワークショップ風景
©NPO法人アーツイニシアティヴトウキョウ［AIT/エイト］（右の写真）

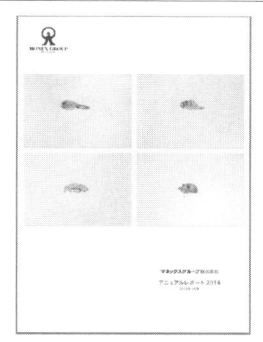 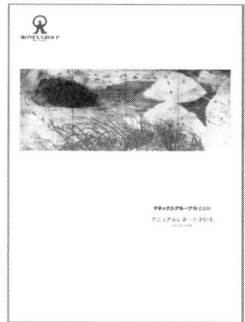 

 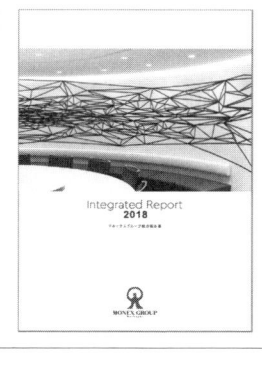

マネックスグループの統合報告書の表紙（左上から順に2014～2018年の各年）作品は、アニュアルレポートの表紙を飾る。

★5　1989年，神奈川県生まれ。2017年，多摩美術大学大学院美術研究科博士後期課程美術専攻修了，博士号（芸術）取得。人々の場所に関する記憶から「都市の肖像」へと導くプロジェクトや作品制作を行っている。黄金町レジデンス・アーティスト，Tokyo Midtown Award 2017グランプリ受賞。

この作品の制作過程そのものが，都市を再認識する試みになっているといえます。くしくも，この作品は金融のマーケットを表しているようには見えないでしょうか。多数の投資家が各自の判断で同時多発的に投資を行い，影響を与え合いながら市場が変化していく。それもあってか，後述するように会社のコンセプト映像にも作品のヴィジュアルが活用されています。

④レセプション

作品が完成するとレセプションパーティーをオフィスで開催します。レセプションには，アート界・経済界より 200 名程の人が集まります。これまでの受賞作家が訪れたり，活動に関心のあるビジネスパーソンが来訪したりすることで，アートとビジネスとが交わるひとつのコミュニティが生まれています。

⑤発　信

作品は，アニュアルレポートの表紙に使われたり，関連オリジナルノベルティが制作されたりすることで，世の中に出ていきます。

以上が，ART IN THE OFFICE の 1 年の流れです。この取り組みは社員研修費という目的で予算がついており，会社公認のプロジェクトとして位置づけられます。2008 年以来，毎年，取り組みが続いています（表 4-1）。

3　ART IN THE OFFICE の効果

ART IN THE OFFICE は，デザインに対する意識の変容や，アートコミュニティの形成などを通じて組織の感性を高め，交流を活性化しました。以下に，ART IN THE OFFICE のもたらす社内外への効果をまとめます。

デザインの重要性を共有する

松本氏によると，形の見えない金融業界にとってデザインは非常

表 4-1　ART IN THE OFFICE のアーティスト，審査員リスト

年度	アーティスト	審査員（毎年審査に参加している松本氏と，AIT の塩見有子氏を除く）
2008	坂口恭平	那須太郎（TARO NASU GALLERY 代表），サンプラザ中野くん（ミュージシャン），槇村さとる（漫画家）
2009	松本力	那須太郎（TARO NASU GALLERY 代表），サンプラザ中野くん（ミュージシャン），槇村さとる（漫画家）
2010	中田周作	窪田研二（インディペンデント・キュレーター），藤城里香（無人島プロダクション代表），見城徹（幻冬舎代表取締役）
2011	渡邊トシフミ	近藤健一（森美術館アソシエイト・キュレーター），辛美沙（MISA SHIN GALLERY 代表），増田宗昭（カルチュア・コンビニエンス・クラブ株式会社代表取締役社長兼 CEO）
2012	福土朋子	西川美穂子（東京都現代美術館学芸員），山本裕子（山本現代代表），藤田晋（株式会社サイバーエージェント代表取締役社長 CEO）
2013	野原万里絵	島田淳子（GALLERY SIDE 2 ディレクター），椿玲子（森美術館アソシエイト・キュレーター），田中仁（株式会社ジェイアイエヌ代表取締役社長）
2014	川内理香子	飯田志保子（インディペンデント・キュレーター），南條史生（森美術館館長），林真理子（作家），松井孝典（千葉工業大学惑星探査研究センター所長）
2015	蓮沼昌宏	住友文彦（キュレーター），長瀬夕子（小山登美夫ギャラリーディレクター），森川亮（C Channel 株式会社　代表取締役）
2016	菅隆紀	野村しのぶ（東京オペラシティアートギャラリー　キュレーター），藪前知子（東京都現代美術館学芸員），成毛眞（HONZ 代表 兼 株式会社インスパイア取締役ファウンダー）
2017	橋本晶子	久保田真帆（MAHO KUBOTA GALLERY ディレクター），難波祐子（キュレーター），村上太一（株式会社リブセンス代表取締役社長）
2018	金子未弥	出井伸之（クオンタムリープ株式会社 代表取締役 ファウンダー＆ CEO），住吉智恵（アートプロデューサー），中野仁詞（神奈川芸術文化財団キュレーター）
2019	吉田 桃子	浦野むつみ（ANOMALY ディレクター），徳山拓一（森美術館アソシエイト・キュレーター），鎧塚俊彦（Toshi Yoroizuka オーナーシェフ）

敬称略，肩書は当時。

に大切なのだそうです。つまり，ヴィジュアルによって企業イメージをわかりやすく伝えたり，利用者にとって使いやすいサービスを提供したりすることが差別化の重要な要因となります。世界視点でみたとき，日本の金融業界はまだまだ伸びる余地があります。松本

氏は，世界的にもレベルの高い日本のデザインの力でマネックスの企業価値を高めていこうと考えています。

　取り組みの継続により，マネックスはデザインを大切にする姿勢を社内外に浸透させることができ，2012 年には ART IN THE OFFICE がグッドデザイン賞を受賞しました。アーティストと企業とのコラボレーションを通じて企業ブランドへのイメージを膨らませた，創造的プログラムである点が評価されています。

　マネックスは今後もデザインに関する人材を強化し，その力で世界と肩を並べていこうとしています。

作品と触れることで感性を高める

　前項でデザインの大切さが社内に浸透したと書きました。これは，アートと触れることで社員の感性が刺激を受けたためです。このような感性に影響を与えるしくみが「ワークショップ」です。ART IN THE OFFICE の応募要項には「オフィスでの滞在制作（5営業日以上）」「社員を対象としたミニアーティストトークやワークショップ」が入っており，アーティストと社員との対話が盛りこまれています。結果として社員がワークショップに参加するのはもちろん，アーティストに頼んで靴をペイントしてもらったり，一緒に飲みに行ったりする様子もみられ，会社の中でアートが浸透していっていることがわかります。また，作品を設置する部屋は透明なガラス張りなので制作風景がよく見えて，日々，業務で向き合っている株価やニュースとは異なるものが目に入ってきます。さらに「クリエイティブな話がしたい気分になると，作品のある部屋を選ぶ」という社員もおり，アート作品がオフィスに溶けこみ，社員の感性に影響を与えていることがわかります。

社内外でのアートコミュニティの生成

　ART IN THE OFFICE の審査会では，キュレーターやギャラリストなどのアート業界の人のみならず，一流のビジネスパーソンも集まります。よってアート業界，ビジネス業界が双方に刺激を与え合います。TSUTAYA などを運営する，CCC カルチュア・コンビニエンス・クラブ株式会社の社長，増田宗昭氏は，2011 年に審査

員を務めたことをきっかけに，2012 年から Art in the office CCC AWARDS を設立しました。2013 年にはメガネショップ JINS の田中仁氏が，審査員を機に JINS ART PROJECT をスタートさせ，活動が広がっています。

　さらにレセプションでも，アート界とビジネス界とが交じり合います。企業の広報担当や企業メセナの担当者など，取り組みに興味を持つ人が集まり，そのなかで横のつながりもできていきます。ある年には「自社でもやりたい」と何度もレセプションに参加していた人が，自分の会社の経営者を連れてきたので，松本氏も一緒になって ART IN THE OFFICE を始めてみないかと誘ったそうです。

　このようにアートを介した異分野とのつながりにより，さまざまな組織との交流が促進されているのです。

時間をかけて，企業姿勢を変える

　松本氏によると，証券会社の仕事とは企業と投資家との間を取り持つ「場の提供」なのだそうです。より具体的には，アイデア実現のためにお金を必要とする企業と，有望な才能にお金を託したい個人投資家とをつなぐ場をつくるということです。マネックスは，それをオンライン証券という形で実現しました。

　同様に，オフィスの中にアートを取りこむ ART IN THE OFFICE も，場の提供だと松本氏は考えます。多様な解釈を生むアート作品を介して，異なる部署の社員たちや，異業種の人々との会話が生まれます。アーティストもマネックスという場で制作を行うことで刺激を受けて，企業イメージを広げるような作品を生み出すことがあります。このようなアートと企業との 10 年以上の相互作用が，マネックスの 20 周年ブランドスローガンにも影響を与えていると考えられます。

　マネックスは 2019 年の創業 20 周年の節目を迎えるにあたり，ブランドスローガンを設定しました。それが「For Creative Minds」です。お金の未来を考えるときには，知識でも情報でもなく「創造性（Creative Minds）」が大切だとしています。証券会社といえば数字やデータを最重要視しそうですが，それよりも創造性が大事だと宣言しているのです。

「Painting on the Kimono」（2016）
菅隆紀

　いまを生きる現代アーティストの作品も，知識や情報だけによらない創造性を持った取り組みだといえます。一例を挙げれば，2016年に選ばれた菅隆紀[★6]の作品は，彼の祖母が愛用していた着物に絵の具を垂らして，新たな柄を浮かび上がらせる作品でした。マネックスはこの作品に対して「既存の枠にとらわれず新しいものを生み出す本作品の試みは，常に『一歩先の未来の金融』の創造をめざすマネックス証券の企業理念と共鳴するよう」（コメントは当時）と，アーティストと企業の姿勢を重ね合わせて評しています。

　このように慣習にとらわれず，想像力を働かせて制作を行うアーティストの姿勢は，作品に宿りオフィスの一部となります。社員が日々を過ごすオフィスの風景にアートが組みこまれることで，アーティストの考え方が組織にじわじわとしみわたり，それが創造性を大切にする企業姿勢という形で表出したのではないでしょうか。実

★6　1985年，長崎県生まれ。2009年，愛知県立芸術大学卒業。自らの存在を路上に記述するグラフィティの表現を参照しながら，人間の根源的な行為や欲求をテーマに，絵画的技法を用いて表現している。作品にドリッピンクプロジェクト（2013年，京都府庁旧本館 Musee Acta），駒込倉庫（2015年，コミッションワーク）など。

際に，ブランドスローガンの発表を機に生まれたマネックスのコンセプトムービー[7]では，金子未弥の「見えない地図を想像してください」が映し出されており，創造性を大切にする姿勢が体現されています。この映像は，社内でも大好評でした。一連の取り組みに対して社員からは「ビジネスアイデアにはクリエイティビティが必要だと認識し，ブランドスローガンの『For Creative Minds』で重視されている『創造性』の大切さを理解した」という声があがっています。

アートの効果はすぐに出るものではなく「ひそかに蓄えられていくもの」だと松本氏はいいます。10年以上にわたる取り組みによってじわじわと組織が活性化され，ついにはヴィジョン構想にまで効果が表れているのです。

4 アクセンチュアでのコミュニティ形成

部活動からアートに触れる

アクセンチュアは，世界120カ国以上の顧客にサービスを提供する世界最大級のコンサルティング会社です。日本では2018年12月時点で1万1000人以上の社員が勤めています。同社には，社内コミュニティ活性化のための部活動があり，そこで生まれたのが「芸術部」です。アクセンチュアインタラクティブに在籍していたコンサルタントの石村真理絵氏が「アートと企業をつないで，世界経済の活性化に貢献したい」[8]との想いで2015年に設立しました。

芸術部では，芸術に関心のある人々の社内コミュニティの強化を目指すとともに，芸術分野の第一線で活躍しているゲストとの交流により，アクセンチュアと芸術分野との結びつきの強化を目指して

★7　MONEX GROUP公式チャンネル / 2018年10月31日 / MonexGroup JP 2018（https://www.youtube.com/watch?v=Pvx47IQ-yDM）

★8　肩書は当時のもの。アクセンチュアを退職し，現在はニューヨークを拠点にビジネスとアートをつなぐビジネスプランを構想している。

アーティストの大山エンリコイサムを招いた対談風景
中央が大山エンリコイサム，左が内永太洋氏（アクセンチュアインタラクティブ日本統括）。

活動しています。「アート部」ではなく「芸術部」と名づけたのは，日本語で「アート」というと，美術の領域に限定されるイメージを持たれやすいためです。芸術部では現代アートからクラシック音楽まで，「芸術」全般を活動フィールドとしています。まずは，同部のアートにまつわる活動を紹介します。

　芸術部では，ゲストを呼んだトークショーを頻繁に開いています。写真は，アーティストの大山エンリコイサム（中央）と，アクセンチュアインタラクティブ日本統括の内永太洋氏（左）です。大山はアクセンチュア・イノベーション・ハブ東京に設置されたアートワーク制作を担当しています。「ビジネスとアートの共通点とは」と題されたこちらのイベント[★9]ではアーティスト，シリアルアントレプレナーとしてそれぞれ活躍する2人が，一見，かけ離れているように感じられるビジネスとアートについてそれぞれの視点でひもといています。

　大山は「ニューヨークでは，アーティストにも社会的な役割があります。自身の作品について戦略を練ってプレゼンテーションを行

い，交渉し，ときにはファンドレイズについても考えます」と，
アーティストによる実践力について語ります。それに呼応するよう
に内永氏は「アクセンチュアの仕事は，コンサルティングを通じて
お客さまのビジネスを変革したり，新しいビジネスを創出すること。
そこではロジックだけではなく，"感性"や"クリエイティビティ"，
そして情熱が重要」と語り，ビジネスには「アートワークを作り上
げるのと共通する要素がある」と話します。

　このほかにも過去のイベントでは，本書にも登場するマネックス

小山登美夫ギャラリーの協力のもと，菅木志雄の作品を展示した際の風景
小山登美夫ギャラリーは 1996 年に開廊した日本有数のギャラリーである。開廊当初，奈良美智，村上
隆の作品を取扱い，現在にいたるまで数多くの現代アーティストを国内外に発信し続けている。菅木
志雄は 1944 年岩手県盛岡市生まれ。1968 年多摩美術大学絵画科を卒業。1960 年代末〜 70 年代にか
けて起きた芸術運動「もの派」の主要メンバーであり，同時代を生きる戦後日本美術を代表するアー
ティスト。

★9　ACCENTURE INNOVATION HUB TOKYO BLOG，2018
年 1 月 26 日
「ビジネスとアートの共通点とは— アーティスト・大山エンリコ
イサム氏 × アクセンチュアインタラクティブ統括・内永太洋」
（https://www.accenture.com/jp-ja/blogs/blogs-event-report-business-
art）
★10　活動のために，資金を集めること。

の松本氏やスマイルズの遠山氏が，アートと経営をテーマに講演しました。アート・イン・ビジネスを実践する経営者や，第一線で活躍するアーティストの思考回路に触れることで，参加者は新たなビジネスを生み出すためのヒントを得ています。

　また，オフィスでは，ギャラリーやオークション会社の協力のもとで作品を展示しています。作品の一部は購入することができ，社員や来訪者にとってアートを身近に感じられる空間となっています。

　いまでこそ，会社公式の取り組みとしてアート作品が制作・展示されていますが，数年前のアクセンチュアでは，このような活動はまったく行われていませんでした。なぜ，アートに関わる活動がこれほど活発になったのでしょうか。そこには，芸術部の存在も重要な役割を担っています。

5　なぜ，イノベーションの拠点にアートを取り入れたのか

一社員の想いから生まれた芸術部

　はじめに，芸術部の創設者とアートとの関わりを見ていきます。創設者は，石村真理絵氏です。

　石村氏は 2010 年にアクセンチュアへ入社しました。想像してい

石村真理絵氏
背景にあるのは，大山エンリコイサムのクイックターン・ストラクチャー（QTS）。
Artwork: Enrico Isamu Oyama, *FFIGURATI #203,* 2018
©Enrico Isamu Oyama
Photo: © Jun Honda

たコンサルタントの仕事とかけ離れた業務に，時にはとまどうこともありましたが，システムの運用保守から，デジタルマーケティング戦略までさまざまな案件に取り組みます。しばらくすると，同期が次々に昇進し始めます。そのなかで思うような成果が出せず，彼女は「自分のバリューは何なのか。なぜ他の人のようにうまくできないのか……」と，自身を責め，追いつめるようになります。「そもそも私はなぜここで働いているのだろう」と仕事と自分のつながりも見えなくなっていた頃，以前にもまして美術館に足が向くようになりました。そこで一枚一枚の作品とじっくり向き合い，作家や作品のコンセプトに想いを馳せているといつの間にか没頭して，美術館を出る頃には悩みが晴れて心に力が戻っていることに気づきます。

　石村氏は，幼い頃から家族で美術館に通うことが当たり前の環境で育ちました。真理絵の「絵」は，趣味で絵を描く父親がつけてくれた名前だそうです。芸術が身近にある環境で育ったがゆえに無自覚でしたが，アートによって支えられ，生きてきたのかもしれない。仕事での挫折は，彼女の大事な核に触れるきっかけとなりました。

　同時に「いつかはアートに関わる仕事がしたい」という想いが湧き上がってきます。もともと，アートとビジネスとは彼女のなかで別物でした。しかし，アーティスト自身も経営者だという村上隆の考え方に触れ，コンサルタントとして「アートとビジネスをつなぐ」ことが自分の使命だと考えるようになります。

　そして，現代アートの学校である AIT に通い出したことをきっかけに，幼少期から親しみのあった西洋絵画だけでなく現代アートも積極的に見るようになりました。それまで彼女はアート作品を，目で見て美しいかどうかで味わっていました。しかし現代アーティストの照屋勇賢★11との出会いにより，作品をそのコンセプトとともに

★11　1973 年，沖縄県生まれ。1996 年，多摩美術大学油絵科を卒業。トイレットペーパーの芯，ファストフード店の紙袋，国旗や蝶のさなぎなど，日用品や身近なオブジェクトを用い，時にそれらの使用法を変え，意味をずらすことで，日頃気づかずに接している日常生活の枠組みや問題を，鮮やかな洞察力をもって作品化する。（http://www.otafinearts.com/artists/yuken-teruya/）

味わうのが大切だと腹落ちする体験をしたそうです。いままでとは違う角度の楽しみ方を知ってからは積極的にアートイベントに参加し，作家やアート業界との交流を深めながら，現代アートの世界に本格的に入っていきます。

　そして将来を見据え，一度，日々の業務から離れることを決意します。村上隆の率いるカイカイキキを含む 2 つの現代アートギャラリーと，クラシック音楽関係の社団法人でインターン生として経験を積みました。その経験を経て「アクセンチュアでのマネジメントの知識と経験は，自分の進む道に必ず役に立つ」と確信します。復職後，彼女はアクセンチュアでの業務と，インターンから得た経験・ネットワークを活かして芸術部を立ち上げます。

アートを取り入れる理由

　アクセンチュア・イノベーション・ハブ東京は，顧客のイノベーション創出を支援するために 2018 年 1 月にオープンした，会社を代表する拠点です。デジタルマーケティングや UX デザインなど，各分野の専門家が常駐し，顧客の課題に一気通貫して対応できる点が特徴です。イノベーションを起こすために大切にしているのは，異なる領域による「共創」です。その象徴として中央に「やぐら」（写真参照）があり，その周りに人々が集まって踊るさまを想起させ

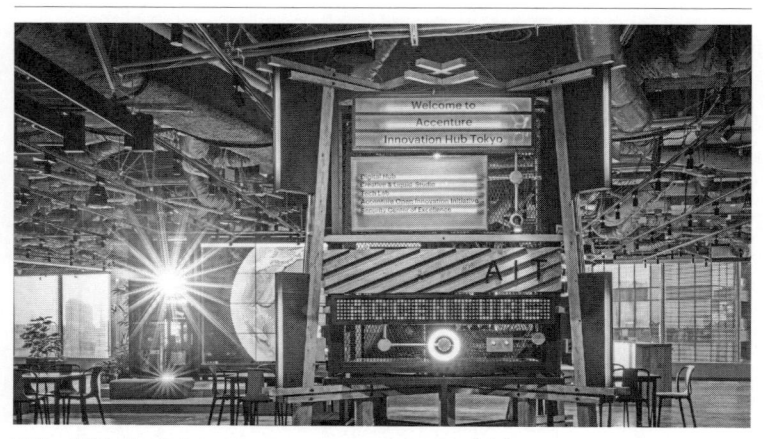

東京・麻布にあるアクセンチュア・イノベーション・ハブ東京
麻布十番祭りにちなんで「お祭り」をテーマに設計された。

ます。ほかにも AI や XR^{★12} などを含む，先進的なソリューションや
デモンストレーションが体験できます。やぐらのもとにさまざまな
専門家，技術が集まり，顧客とともに新たなサービスや事業を創っ
ていくことをコンセプトにしています。新たなアイデアを生み出す
ためにアート的な視点も重要であること，アクセンチュアのグロー
バルのオフィスでもアート作品が展示されていることから，アクセ
ンチュア・イノベーション・ハブ東京の設計時に，大山エンリコイ
サムの作品が制作されることになりました。

　新たな拠点の設立のタイミングで大山エンリコイサムの作品設置
を行ったアクセンチュアですが，こうしたオフィスへのアート作品
展示やアーティストとの交流は，それ以前から，芸術部によって取
り組まれていました。きっかけは，マネックスの松本氏を迎えての
トークショーでした。このとき，講演を見ていたアクセンチュアの

アクセンチュアのオフィス風景
柱から床面にかけて，大山エンリコイサムのクイックターン・ストラクチャー（QTS）が描かれている。
Artwork: Enrico Isamu Oyama, *FFIGURATI #203, #206, #205*, 2018
© Enrico Isamu Oyama

★12　XR（Extended Reality）とは，仮想現実（Virtual Reality）
や拡張現実（Augmented Reality），その他の没入型ツールなどを含
めた総称のこと。（https://prtimes.jp/main/html/rd/p/000000183.
000019290.html）

役員のひとりが「アクセンチュアでもやってみては」と芸術部に声をかけたことから，石村氏とデジタルコンサルティング事業部メンバーで，企画検討が始まりました。企画を構想する段階で，マーケティング部門，デジタルコンサルティング事業部の役員，社長を交えて議論を重ねました。

　最終的には，デジタル時代だからこそ「ヒトが中心となる」「右脳と左脳の融合」といった会社の唱えるミッションとも調和し，同時代を生きるアーティストとの交流により問題提起力や想像力を学び，世の中の動きを数字以外から感じ取る，という企画コンセプトにたどり着きました。そして，当時の新拠点のひとつであるアクセンチュア・デジタル・ハブにおいて，1カ月間という期間限定の現代アート展示，およびアーティストとのワークショップを開催します。当日は社内外から約100名のメンバーが集まり，交流がなされました[13]。のちに芸術部で中心となって活動するメンバーの一部は，このときのイベントが強い動機づけのひとつになりました。

　アクセンチュアは近年，顧客の「イノベーション・パートナー」になることを掲げています。そこで重要なのは，事業をデザインする力です。アクセンチュアの社員は以前から論理力に長けていましたが，ビジネスデザインに必要となる創造力の強化にも取り組み始めています。いままでにないものを生み出して文脈を築くアーティストの姿勢から，学ぶことは大いにあるといえます。当時の経営陣は「デザインの源流であるアートは，アクセンチュアにとっても重要。アートが社員の目に触れることで，気づきへの一歩になれば良い」と企画の実施を承認しました。

大企業の中で拡大できた理由

　いまでは会社の活動とも連携し，重要な役割を担うようになった芸術部ですが，なぜここまで広まったのでしょうか。

　コンサルティング企業は人材が財産となるため，一人ひとりの多

★13　ACCENTURE INNOVATION HUB TOKYO BLOG, 2016年12月5日「現代アートはビジネスパーソンに何をもたらすのか—多様なケイパビリティを融和して協働する時代に」（https://www.accenture.com/jp-ja/blogs/blogs-project-digital-art-in-the-office）

様な嗜好，働き方を認めていこうとする社風があります。特にアクセンチュアでは 2015 年から働き方改革として「プロジェクト・プライド」[14] を掲げ，社員一人ひとりが自分の強みを活かし，仕事の充実感や生産性を向上できるようにしています。石村氏が芸術部に注力する際も，通常業務と並行して取り組んでよいという周りの理解がありました。このように多様性を認める職場環境があったために，自分が心底やりたいと思った活動に情熱を傾けることができたと考えられます。芸術部の広まりは，多様な人材を受け容れて新しい領域に挑戦していくプロジェクト・プライドの体現として捉えられ，社内報でも取り上げられました。

　石村氏はアート界での自分の役割を考えたときに，「アートとビジネスをつなぐ」というビジネスパーソンらしい役目を見つけました。このように芸術部に本気で打ちこめたのは，彼女の個性を認め，多様な働き方を後押しするアクセンチュアの社風があったといえるでしょう。

アートは組織を越える

　アクセンチュアは，ボトムアップで広がった芸術部と，イノベーションを推進する企業になろうという会社の機運とが幸運にも合致した事例です。社員の立場からすると，教養としてアートを学びたい，一歩踏み込んだアートの体験がしたいという好奇心や，業務以外のコミュニティでつながりを持ちたいという希望から人が集まっていきました。一方，会社としては世の中にまだない事業を考え出し，形にしていく人材を求めていました。

　部活の活動内容と会社の方針との重なりから所属や役職を越えた協力が生まれ，徐々に，同社の活動にアートのエッセンスが導入されていきました。いまでは芸術部の所属メンバーは社内だけで 200人以上で，執行役員も数名，含まれています。さらには，社外部員としてアート業界関係者ともつながり，一大コミュニティへと成長しています。アートは，組織や立場を越えていくのです。

★14　「プロジェクト・プライド」については，江川（2017）を参考にした。

6　組織活性化からヴィジョン構想へ

　この章では，2つの会社のアート・イン・ビジネスの取り組みを
見てきました。マネックスでは10年以上にわたる ART IN THE
OFFICE の取り組みを経て，アートがゆっくりと日常に溶けこん
でいきました。それが，未来の金融サービスのあり方を描くという，
創造性を重視する企業姿勢として表出しています。アクセンチュア
では一社員の始めた部活動が，イノベーションに重きをおくという
会社の方針と重なることで，さまざまな部署や役員を巻きこんだ取
り組みへとつながっていきました。

　両社とも金融とコンサルティングという，一見するとロジックや
数字を重視する業界にいます。しかし，アートと触れる開かれた場
をつくることで，感性にも重きをおく文化が醸成されていきました。
アートによる社員一人ひとりの創造性の高まりが，企業のヴィジョ
ン構想とも密接につながっていくのです。

　アートによる組織の活性化には，実践しやすいという特徴があり
ます。今後，個人が主体性を持って行う部活動などの取り組みが増
えていき，役職や会社を越えて広がっていくのではないかと私たち
は考えています。

　本章の執筆にあたり，松本大氏（マネックスグループ株式会社）と
佐藤守氏（アクセンチュア株式会社），石村真理絵氏にご協力いただ
きました。感謝申し上げます。

参考文献
江川昌史（2017）『アクセンチュア流　生産性を高める「働き方改革」
　　──自社のカルチャーを変革し続ける』日本実業出版社。
松本大（2003）『10億円を捨てた男の仕事術』講談社。
松本大（2013）『お金という人生の呪縛について』幻冬舎。
松本大（2019）『お金の正体』宝島社。
武田信二・松本大（2000）『マネックス証券　松本大が語る──e に挑

む』ワック。

上阪徹（2011）『預けたお金が問題だった。──マネックス松本大が変
　えたかったこと』ダイヤモンド社。

05

アートでヴィジョンを構想する

キーワード
スープのある一日
スープは作品である
自分ごと
アートとは「トリガー」である

株式会社スマイルズ（以下，スマイルズ）は，Soup Stock Tokyo や PASS THE BATON など既成概念や業界の枠にとらわれない外食・小売業の経営で広く知られる日本企業です。2000 年に当時三菱商事に勤務するサラリーマンであった遠山正道氏により設立され，2008 年の MBO 以降，その独特のスタンスゆえにビジネス界に大きなインパクトと存在感を与える企業となりました。遠山氏は，ビジネス界においてはその革新的で斬新な企業経営で一目置かれる存在である一方，アートワールドにおいては現代アートコレクターとして有名です。

本章ではスマイルズという企業，もしくは遠山正道氏による企業経営自体を，我々の考える「アート・イン・ビジネス」という観点から捉えなおし整理を試みることにより，現代日本における「アート・イン・ビジネス」の最前線を明らかにし，その本質を浮き彫りにしていきます。

1 スマイルズはどんな企業なのか

スマイルズの成り立ち

　まず，スマイルズという企業の成り立ちについて，簡単に整理していきます。株式会社スマイルズは，当時，三菱商事に勤務していた遠山正道氏が，知人と会食中にふと頭に浮かんだシーンから着想された「スープのある一日」という物語形式の企画書により Soup Stock Tokyo を創業し，三菱商事コーポレートベンチャー第 0 号として 2000 年に設立されました。創業者（2019 年現在も社長）の遠山氏は，1962 年生まれなので，38 歳のときに起業したことになります。

　遠山氏は幼い頃からイラストや絵を描くなどの趣味があり，大学卒業後，三菱商事に入社しサラリーマンとなってからも，雑誌の連載などでイラストを描く機会を得たりもしていました。サラリーマンとなって 10 年ほどが経過し，「自分のかなえたい夢」と「今の自

スープストックトーキョー第 1 号店オープンにむけて遠山氏が作成した作品
遠山氏の手にあるのは，三菱商事在籍中，お台場ヴィーナスフォートの第 1 号店出店の 1 年前に，木製キャンバスに，遠くまで先が見える透明シートを貼って作成された作品。スープは作品である，ビジネスは作品であると語る遠山氏のスタンスが，浮き彫りになるエピソード。

分」の間に横たわる漠然とした違和感を覚え始めていた頃に，代官山で個展を開催します。そこで，自らの描いた作品を展示し，それをほしいといってくれるお客さんに出逢うことで，遠山氏はこれまでのサラリーマン的なワークスタイルでは得られない体験をします。遠山氏自身も「はじめての意思表示」であったと当時を振り返りますが，総合商社勤務のサラリーマンとして続けてきたこれまでの仕事が，誰かに頼まれたことをする，100％自分の作品だとは言い切れないものを作り続けるというワークスタイルであったことにあらためて気づき，それがいわゆるアート作品制作や展示，その販売といった一連の流れのなかで得られる充足感とは一線を画すものであることに気づきます。

ビジネスをアートとして捉える

　遠山氏は，そこで自らの作品をつくるアーティストになる道を選ぶという選択肢も選択しえた状況であったにもかかわらず，これから自分が向き合っていく仕事（ビジネス）自体を作品づくりであると捉え，個人としてのお客さん／マーケット／社会／世界に向き合い，思考しアウトプットを出していき，ほんの少しずつでも社会を変えていくビジネスに魅力を感じるようになります。当時，情報産業グループに所属していた遠山氏は，その後，より手触り感のある仕事を求め三菱商事の関連会社であった日本ケンタッキー・フライド・チキン社に出向する機会を得ます。そこで，外食産業のリアルな状況を感じながら新規事業を企画する仕事に関わるようになる流れのなかで，外食産業としては異例とも思われる，当時は前菜であると捉えられていたスープを主食にする飲食店という選択肢（当時，明らかなマーケットの存在は確認されていなかったと，遠山氏もあとから語っています）をチョイスし，通り一遍でないビジネスを始めたと考えられます。実際，遠山氏はその著書のなかでも，そして我々のインタビューのなかでも「スープは作品である」と語っています。

2　アートでヴィジョンを構想する

個人レベルでの「必然性」

　ここで，遠山氏のすすめるビジネスにおいて礎となる価値観／世界観はどのようなものであるのかについて，考えてみたいと思います。

　我々の行ったインタビューのなかでも，現代日本の置かれた状況をどのように捉えているのかという問いに対して，遠山氏は，これからの時代は一人ひとりが地に足をつけ，自分の目線で社会を捉え，自分らしい／自分にしかできない商い（ビジネス）をしていた江戸時代に戻っていくのではないかと語っています。やや突飛にも思える遠山氏の考え方を，少し順を追って整理したいと思います。

　まず，これまで私たち日本人が生きてきた20世紀は経済の時代であった，と遠山氏は捉えます。20世紀は，経済的発展に強く先導されることで，走っている電車に飛び乗れば（誰でも）すごい速さで前に進むことができる時代であった，つまり明日何時に起きるのか，明日どこで何をするのか，などの選択は，一人ひとりが考える（選ぶ）までもなく，明日の朝のアポイント（このアポイントの必然性すら上司や取引先の都合に規定されており，自分自身の尺度でその必然性を判断することも困難である）が何時に入っているかによって逆算され，さらに上司の方針，会社の方針に仕事内容は規定され，特に個人の意思や必然性などを考慮するような隙間もないままに日々の社会生活が成立してしまう状況であったということです。

　そのような状況においては，特に個々人が，自分自身の夢を物語る必要もなく，またそれが求められることもなく，ある意味漫然と働いていても経済的にも，そして社会的にも報われ，ある意味安全に生きていくことができた時代であったといえましょう。

　しかし，日本の経済的発展が頭打ちになり，まさにVUCAの時代といわれる今，そしてこれからの日本においては，個々人が働く意味が問われ，なぜあなたが職場でこの仕事をしているのか，なぜAIでなくあなたがその仕事をしているのか，そしてそもそもその

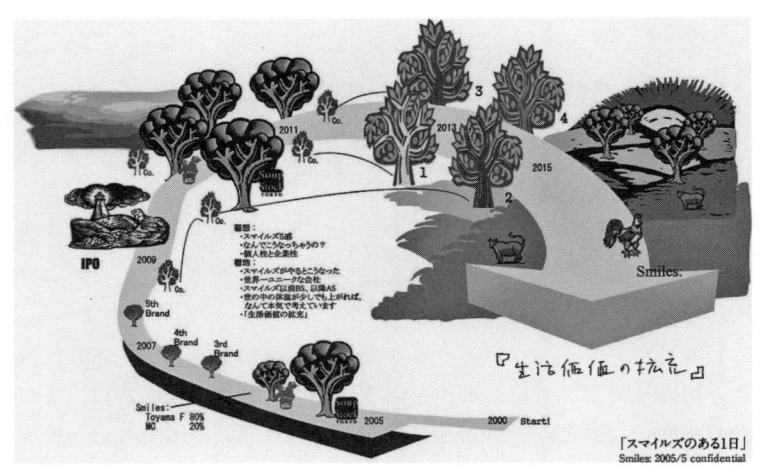

「スマイルズのある1日」
2005年にスマイルズの本来の姿を再確認するために遠山氏が描いた今後10年間にわたる事業計画書。
スマイルズの歩む道沿いにある，各ブランドが紡ぐストーリーが，2015年には矢印がこちら向きにな
ることからも，企業の作り出すヴィジョンが私たちの暮らす社会に向かって作用していくことがよく
表れている。

　仕事の必要性／必然性についてすら誰も保証してくれない，自分以
外にその仕事をあなたがやる意味を見出し，社会に対して主張する
人がいなくなるのではないかと，遠山氏は考えます。そこでは，強
い意思と，自分がなぜその仕事をするのかという必然性を本人が実
感し，さらにそれが周囲に伝わる形で共有されるようなワークモデ
ル，遠山氏の言葉を借りると「自分ごと」としてビジネスする／生
きていく姿勢が求められる時代がやってくると遠山氏は語ります。
　そのような流れのなかで，スープを作品として捉える遠山氏がそ
うであったように，スマイルズ社員全員が，個々人で，スマイルズ
という企業の枠組みの内外を問わず，強度あるヴィジョンと必然性
の内に，アントレプレナーマインドをもって生きていくことを最重
要と捉えます。

★1　Volatility（変動性・不安定さ），Uncertainty（不確実性・不
確定さ），Complexity（複雑性），Ambiguity（曖昧性・不明確さ）
という，現代社会の特色を示す言葉の頭文字を取った表現により端
的に示される現代という時代のこと。

「自分ごと」としてのビジネス支援を社会へ

　さらに遠山氏のヴィジョンは，その射程範囲をスマイルズ社員のみならず日本社会にまで拡げていきます。実際，株式会社スマイルズの事業ポートフォリオのひとつの軸として，「自分事業（自社内での事業）」と並行させる形で，社内・社外を問わず今の社会のなかで「自分ごと」としてビジネスを始めたい人材に対しての金銭的リソースやクリエイティブリソースの提供を行う「出資・インキュベート事業」を位置づけています。これは，一企業が社内における人材育成の枠組みを越えて，社会に対してのヴィジョンを抱き，それをきちんと事業化したうえで業務として取り組む，きわめて先進的な事例であると考えられます。

　アートを「まだ誰にも見えぬ，何か美しきもの・あるべきものを想い，感じ取り，それを立体化し形にして息を吹き込んでいく作業」であると捉える遠山氏にとっては，社員一人ひとり，はたまた日本社会に生きる一人ひとりが，まだ説明不可能ななんらかの可能性に対して，一個人としてこれからの日本で必要になるなんらかの価値を発見し，自分なりのやり方でスポットライトを当て，それを社会と共有し，そこからビジネスをつくりあげていく行為のなかに，アートの本質を感じるからこそ，ビジネス／事業としての出資・インキュベートを自社事業と並立させているのではないかと考えられます。

3　アートでイノベーションを起こす

事業開発手法のイノベーション

　ここまでは企業経営という目線からスマイルズを見てきましたが，ここで観点を変えて，企業における商品開発・事業企画という側面からスマイルズの事例を分析していきたいと思います。

　まず，スマイルズがスープをメインに据えた外食事業を始めたということが何を意味するのかについて考えてみたいと思います。そこでは，まず遠山氏の考えるアートの成立において不可欠である「まだ誰にも見えぬ，何か美しきもの・あるべきもの」として，

「スープ」でなく，「スープのある一日」を据えたということに大きな意味があります。たゆみないマーケティングリサーチを繰り返した結果として，「スープ」に対する潜在ニーズが見出され，そこから Soup Stock Tokyo が生まれたのではなく，また「スープ」という外食産業界における革新的な成功事例があったから Soup Stock Tokyo が生まれたわけでもない，そこが非常に重要であると我々は考えています。

　なぜならば，「スープ」でなく「スープのある一日」を提供しようとする立てつけ自体が，いわゆるマーケティングコンテクストの変容をともなう，イノベーティブな商品プロトタイピングであると考えられるからです。さらに，事業開発（この場合には，社内ベンチャープロジェクトにおける新規事業開発）の過程において，いわゆる積み上げ型のマーケティングリサーチや先行事例のまったくない状況で，それまでマーケットが存在すると一般的に考えられていなかった領域で新規事業を立ち上げる際の企画書自体が，東京で働くひとりの架空の女性を想定したもので，さらに彼女の生活のなかに「スープのある一日」を想像し，架空の物語形式をとるものであったという事実は，事業開発という業務自体のコンテクストすら変容させたと考えられるのではないでしょうか。

　これは，「NEW RECYCLE」をコンセプトとして，個人から集めた衣類や雑貨を，持ち主のプロフィールや，品物にまつわるストーリーを添えて販売する PASS THE BATON という事業ブランドにおいても，同様のことが指摘できます。PASS THE BATON という事業においては，個人のセンスで見出された品物や，使っていた人物の人となりが伝わるようなストーリーに価値を感じ，共感する次の持ち主に，まるでバトンをパスするかのように品物を引き継ぐという行為を，新しいサービスコンセプトとして NEW RECYCLE と名づけ事業展開しています。一般的なリサイクル業界のリサーチを重ねたうえで，誰かが使った古いものを，一介の中古品として販売する手法としての差別化をはかるための事業開発，などという方向性でなく，リサイクルという概念に新しいコンセプトを加え，まったく異なる魅力的な事業開発を行っているのです。

アートとは「トリガー」である

遠山氏は，アートとは「トリガー」である，すなわち世界の真実のうち，いま私たちの目に見えているのは10％にすぎず，まだ見えていない90％に向けての気づきをかたちにする行為こそがアートであると語っています。そのうえで，さらに自身にとってのビジネスとは，まさにまだ見えない90％の部分にありそうな，おぼろげな何かに点を打ち，それをかたちにする行為であると語っています。

その事業開発の手法がどのように生まれたのか，明示的に語られることはこれまでありませんでしたが，しかしここまでの分析からも，それが遠山氏の「ビジネスはアートだ」と捉える思考法，まさに「アート・イン・ビジネス」の思想から生まれたものなのではないかと我々は推測しています。

N
RECYCLE
W

Pass the Personal Culture.
Pass the Baton.

PASS THE
BATON

PASS THE BATON のブランドロゴ

価値のある古いモノを，まつわるストーリーとともに，かつてそれを愛した人から次に愛する人へと，まるでバトンを渡すかのように大切に引き継ぐという NEW RECYCLE のコンセプトを表すロゴデザイン。一人ひとり異なって当然の人間同士が，モノを介して出会い，価値の交換／交感をするというコンセプトも体現されている。当初は遠山氏デザインのものであったが，現行のロゴは KIGI によるデザイン。

4　組織の活性化からブランディングへ

社内での価値共有

　さらに，スマイルズにおいて特筆すべきは，そのようなビジネスに対する姿勢が社内に共有されている点であり，実際，社員一人ひとりがまだ誰も見ぬ，美しきものを感じとり，それをかたちにして社会に提供することで「世の中の体温をあげる」[★2]ことを大事にしていることがわかります。

　また，先に述べた通り，スマイルズの出資インキュベート事業における出資対象は，アートディレクター千原徹也氏によるデザインオフィス「株式会社れもんらいふ」や，一冊の本を売る書店「株式会社森岡書店」などの社外への出資に加え，スマイルズ自社の社員自らが「世の中の体温をあげる」ために独立起業する場合をも対象にしています。

一社員が「自分ごと」として捉える

　実際，2014 年には，Soup Stock Tokyo から PASS THE BATON の店長職を経た社員武宏氏が「bar toilet」という，ちょっと変わった名前のバーの経営を始めています。[★3]武氏は，憧れていたバー経営が現実的となり，実際どのようなバーにしていくかという構想を練っていく段階で，「バーでのワンシーンとして，ゆらめく炎が女性のお客様の横顔をかすかに照らしながら，バーテンダーと会話を

★2　スマイルズ HP においても「スマイルズはいろいろな事業を展開しています。すべて，切り口や扱う商品は違いますが，『世の中の体温をあげる』事業です。ほんの少し，毎日が楽しくなる。そんなことを目指しています。」と記載されている（http://www.smiles.co.jp/business/）。
★3　ちなみに，bar toilet という名前の由来について武氏は「ひとりで 1 日を振り返ったり，今後についてぼーっと考えてみたり。自分自身と向き合う場をつくりたい」，そして皆には toilet こそがそのような場なのではないかという思いからであったとも語っています。

スマイルズは
いろいろやります

株式会社スマイルズ・事業一覧
自らが事業者となり現代の新しい生活のあり方を提案する自分事業に加え，社内・社外の「熱い想い」や個人の魅力，ユニークネスに価値を見出し支援する出資・インキュベート，さらにスマイルズらしいセンスで企業・行政などの外部組織の体温をあげるコンサル・プロデュースを事業化し，多数のブランドをかかえていることがわかる。

するでもしないでもない時間って美しいな」というイメージから，ともに働くバーテンダーの女性を選んだと語っています。そこには，マーケティングデータに基づいた判断，開業を予定している地域（この場合は新宿御苑周辺）における顧客像の推定などの工程に優先して，「まだ誰も見ぬ，美しきもの」としてのバーでのワンシーンを大切にし，それを「かたちにする」ことを選ぶ武氏の姿勢が浮き彫りになっています。

　そうした社員の姿勢，そして，そういった個人としての社員の想いを応援しサポートする姿勢こそ，スマイルズという企業組織に宿る柔軟かつ自律的な思考の一端なのではないかと我々は考えています。

組織文化の共有がブランディングに

　また，スマイルズにおいては，遠山氏のみでなく，社内における組織文化として「スマイルズらしさ」「作品性／主体性／低投資高感度／誠実／賞賛」を大切にすることが社員に共有され，それが社外にも，一つひとつのエピソード／物語を含め，明文化して伝えられるケースが多く見られます。さらにスマイルズ社内で醸成された

組織文化が，非上場企業でありながら非常に高度の透明性を担保して社外に伝えられるがゆえに，それがそのまま企業として適切なイメージ構築や製品サービスの付加価値につながり，自律的な形でブランディングに直結しているのではないかと考えることができるのです。

ヴィジョンをアートで構想する

　「アートはビジネスではないけれど，ビジネスはアートに似ている」との遠山氏の発言にも端的に示されていますが，まさに株式会社スマイルズは，スマイルズらしく今までにありそうでなかったモノの見方やヴィジョンを提示することで，社会に対し，これまでにまったくなかった新しい価値を提供するビジネスモデルを提案していると考えられます。スマイルズだからこそできること，スマイルズであるからこそ行うべきビジネスを「子どものまなざし」で常に模索し，それを「大人の都合」でビジネスとして回収するための組織体制を社内に構築し，自律的に持続可能性をもってビジネスを継続する，まさに「アート・イン・ビジネス」を実践するきわめて先進的な事例であると考えられます。

　アートに関して，たとえば社内でアートの話をしたり，アーティストを招いて直接的にプロジェクトに関連づけるなどの施策は一切取っておらず，逆に「社員とアートの話をするのは気はずかしい」とすら語る遠山正道氏は，自らのビジネス自体を作品として捉えること，そしてそれを社員と共有し，ゆるがない組織文化を築くことで，社員を育て企業としても成長をとげてきた，少し膨らますと社会を育てることでともに成長を重ねてきた企業として捉えることができるのではないでしょうか。まさに，これからの時代に求められる「アート・イン・ビジネス」の理想形なのではないかと我々は考

★4　スマイルズのウェブサイトにおいても「スマイルズの3つの大切なこと」のひとつとして「5感とは，スマイルズらしさを表現した，低投資高感度，誠実，作品性，主体性，賞賛の5つの感性を表す言葉です。この5感は，スマイルズの日常業務にたびたび登場し，社内の意思決定は，常に，この5感に照らして判断をしています」と紹介され，詳細な解説がなされている（http://www.smiles.co.jp/company/#/important3）。

えています。

　本章の執筆にあたり，遠山正道氏（株式会社スマイルズ）にご協力いただきました。感謝申し上げます。

参考文献

JOURNAL STANDARD relume Life is…「issue 16 Hiroshi Take & Ami Endo」（http://journal-standard.jp/relume/special/2016aw/life_is/issue16/）

Smiles（http://www.smiles.co.jp/）

遠山正道（2006）『スープで，いきます──商社マンが Soup Stock Tokyo を作る』新潮社。

遠山正道（2013）『やりたいことをやるというビジネスモデル──PASS THE BATON の軌跡』弘文堂。

06

アート・イン・ビジネスの時代へ

キーワード

メセナ　企業文化　文化資本

公益資本主義　テクノロジー

イノベーション　アート・シンキング

美意識　問いとしてのアート

ここまで，現在のアート・イン・ビジネスの世界から先駆的な事例を紹介してきました。

本章で第 I 部を締めくくるにあたり，現在から時をさかのぼり，アートがビジネスにどのように関わってきたのか，その約 100 年にわたる展開を概観していきます。アートとビジネスの多様で密接な関係性を浮き彫りにすることで，現在における私たちの立ち位置を理解し，今後どこに向かっていくのか，検討をしていきましょう。

1　企業とアートをめぐる 5 つの潮流

　一般的に，アートとビジネスの間にはまだまだ大きな溝があると考えられています。「アートのような崇高なものを商売の手段に使うのは不謹慎である」という意見はよく聞かれるものです。他方で，「最近ビジネス界でアートが流行っていますね」といった意見もよ

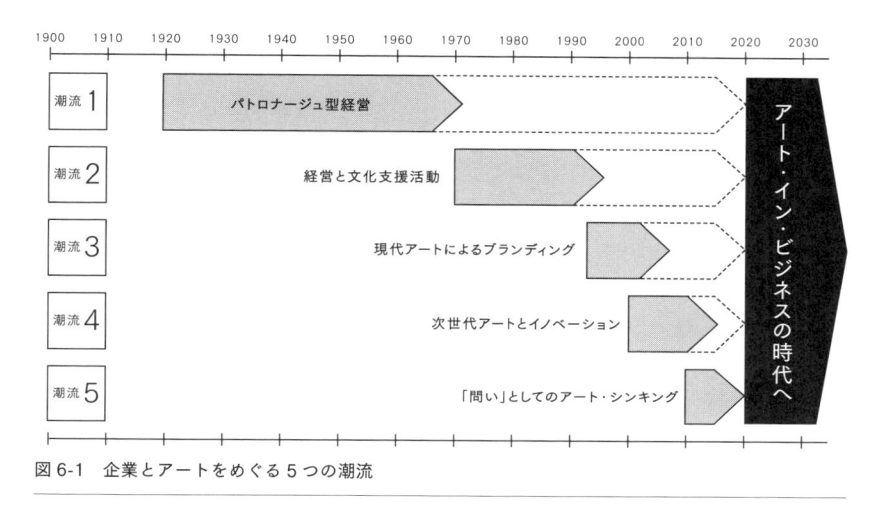

図6-1 企業とアートをめぐる5つの潮流

く聞かれるようになりました。この2つの意見の背景には，アートとビジネスはそもそも水と油の関係ではないか，あるいは両者の密接な関係は一過性のものなのではないかという疑念があると思われます。

そこでそのような疑念を払拭するために，企業とアートの関係について，その時代的な背景や当時の企業によるアートへの取り組みを，5つの潮流に分けて分析していきます（図6-1）。ここで「潮流」という表現を採用したのは，企業とアートの関係は段階的に推移したのではなく，その取り組みや考え方はこんにちまで脈々と受け継がれているからです。100年にわたるそれぞれの潮流を概観することで，5つの潮流が融合した未来を描くことができると考えます。それでは，それぞれの潮流についてみてきましょう。

パトロナージュ型経営

　企業とアートの関係を振り返るにあたり，企業の文化支援において後世に多大な影響を与えた2人の経営者の存在を抜きにしては語れません。ひとりめは，株式会社資生堂初代社長の福原信三氏（1883-1948年），もうひとりは，倉敷紡績の四代目社長の大原總一郎氏（1909-1968年）です。両者の共通点は，ともに父親が創業した会社を引き継ぎ，恵まれた環境のなかで培った文化的な資質をもとに，

経営と文化をいかに結びつけていくかについて問い続けてきた経営者であるという点です。

　福原信三氏^{★1}は，若い頃には画家を志望していましたが，父親が創業した資生堂を継ぐことになり，アメリカで薬学を学ぶことになりました。その滞在期間に芸術や写真に触れ，大きな影響を受けて帰国し，その後，1915 年に資生堂の経営に関わっていきます。当時世に広まりはじめていた化粧品を強化すべく，1916 年に化粧品部を創設し，「化粧品をつくることは美を創る仕事」^{★2}と考え，それを実現するデザインを内製化するために「意匠部」を設立しました。

　1919 年には，季節に応じた化粧品などの陳列場として「資生堂ギャラリー」がスタートします。その後，無料の貸しギャラリーとして，信三氏が自ら企画にも関わりながら，当時の幅広いジャンルの芸術を発表していきます。そうした活動を通じて，さまざまな文化分野の人々との交流が生まれ，資生堂に多彩な美意識が注入され

1934 年の資生堂ギャラリー

★1　福原信三氏のケースは，資生堂企業文化部編（1995），資生堂企業資料館（1995），資生堂企業文化部（1993）を主に参考にしている。
★2　『別冊太陽』（2019）「銀座とクリエーター」を参考にしている。

資生堂化粧品「気品ある粧いにあ
なたをより美しくする」ポスター
（1955）

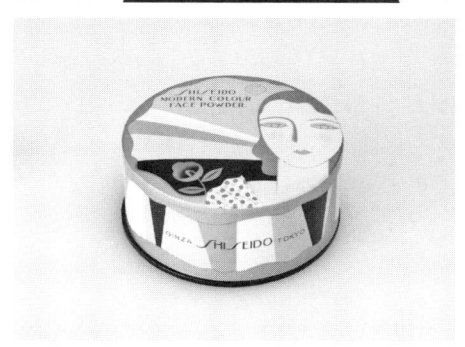

「資生堂モダンカラー粉白粉（レプ
リカ）」（1932）

ていくことになります。

　「意匠部」と「資生堂ギャラリー」が連動することで，信三氏が
デザインした「花椿」のロゴをはじめ，当時の優れたデザイナーた
ちの起用を通して，洗練されたパッケージデザインが次々と生み出

★3　信三氏が起用した代表的なデザイナーに，山名文夫（1897-
1980）がいる。信三氏の理想を山名が優美なイラストレーションや
デザイン力で，後の「資生堂調」と呼ばれるブランドイメージを確
立した（『別冊太陽』2019年5月22日号）。

されます。さらにポスターや PR 誌といった自社メディアを通じて，近代化を迎えた当時の日本の新しい女性像「モダンガール」を打ち出していきました（和田 2007）。こうして，社長である信三氏自らがデザイナーであると同時にキュレーターとしての役割を担いつつ，日本の美を先導してきた資生堂ブランドの原型となるスタイルを，1920 年から 30 年代の間に生み出していったのです。

　大原總一郎氏[★4]は，1941 年に大原孫三郎氏から事業を引き継ぎ，倉敷紡績の四代目社長に就任しました。日本が戦後の復興期にあった 1950 年に，大原美術館は 20 周年を迎えています。そこで大原氏は，世の美術館のあり方を問います。宝物のように美術品に接するのではなく，美の法則を発見することの大切さや，ある特定の人に独占されるのではなく万人が芸術に触れる機会を作ることの重要性を唱えたのです。

　大原總一郎氏は，現代の預言者である同時代のアーティストの発言を提示することが「生きた美術館」としての責任であると考え，国内外の優れた前衛芸術を自らの審美眼で蒐集していきます。そのなかには，ジャクソン・ポロックの「白鯨」や「カットアウト」，国内においては，吉原治良の代表作である「白い円」などもありました。これらを芸術的評価が固まる前に蒐集していたわけですから，その審美眼の高さは歴史が証明しているといえるでしょう。

　ロマンティック街道として栄える南ドイツの古都ローテンブルクを訪問した際には，その「利益共同体」ではなく「運命共同体」としての街づくりのあり方に魅せられ，1938 年には，「倉敷を日本のローテンブルクにしよう」とする構想を打ち立てます。倉敷には，「掘割（ほりわり）」といわれる生活物資を運搬する運河があり，当時は汚水で悪臭を放っていましたが，その掘割に歴史的価値を見出し，美しい景観を生み出す可能性を見い出しました。こうした總一郎氏の故郷への想いは長い年月を経て，後年に大山茂樹市長や建築家の浦辺鎮太郎に引き継がれ，總一郎氏の逝去から 1 年後の 1969 年に「美観地区（びかんちく）」として保存されることになります。誰もが見逃していた価値

★4　大原總一郎氏に関するケースは，井上（1998）を主に参考にしている。

を見出し，地区を単位に倉敷をブランディングしていくという，まさにプレイス・ブランディング[★5]の先駆的な事例であるといえます。

　總一郎氏は日本の文化創造に多大な貢献をしてきましたが，その背景には，企業の社会的責任に対する強い信念がありました。経営には，株主のための利益を上げる経済的責任と，利益では計り切れない広義の社会的責任があるとして，文化の必要性について問い続け，経営と文化の融合を目指していった経営者であるといえます。

経営と文化支援活動

　企業と文化活動の関係をたどると，戦前は経営者の個人的動機によるパトロナージュ活動[★6]が中心でしたが，戦後は企業の社会的な側面が強まり，評判を上げる手段として文化支援活動に注力されていきます。典型的な例では，1904年に実施された三越における文化催事に端を発しますが，百貨店が文化イベントを企画し，新聞社が協賛企業を集うことで，催事の告知と動員を図っていこうとする取り組みを指します。

　そうした活動は1970年代に広まりましたが，80年代に入ると，バブル経済のなか，生活者のニーズも成熟化し，商品の持つ利便性や機能性だけでは物足りず，企業の持つ文化的なイメージすら消費の対象となり，企業名を冠した文化イベント，いわゆる「冠」イベントが急増していきます。質の高い活動もありましたが，なかにはたんに文化的アプローチに過ぎないイベントが見受けられるようになり，企業のこうした活動は文化支援なのか，それともたんなる宣伝なのかといった議論が交わされるようになりました。

　こうした世間の動きを受けて，当時の文化支援活動をリードしてきた代表的企業が集まり，1990年に企業メセナ協議会が発足されました。「メセナ」とは古代ローマ時代に芸術振興で功績を残した政治家の名前が由来ですが，「企業による見返りのない文化支援」

★5　プレイス・ブランディングとは，場所の単位を柔軟に設定し，そこを意味づけすることで，場所（意味の空間）を創りだしていくブランディング手法（電通abic project編　2018）。
★6　戦前から80年代までの企業による文化活動における変遷については，福原（1990）を一部参考にしている。

を表す言葉として選ばれました（福原 1990）。さらに企業によるメセナ活動とは「即効的な販売促進や，直接的な広告宣伝効果を求めるのではなく，社会貢献的視座のものに行う芸術文化支援」と定義されるようになります（小林ほか編 2009）。メセナ活動はしだいに多様化が進み，「文化イベント，プロジェクトの主催，協賛」「タイアップ」「作品の制作委託・購入」「非金銭的援助」「寄付・助成・懸賞」「企業文化施設」といった，幅広い文化支援活動を包括するようになっていきます（林 2004）。

　しかし，営利を追求することが前提の企業が，見返りのない文化支援をする必要がどこにあるのでしょうか。それだけでは持続することが難しいようにも思われます。そこで企業が文化支援活動をすることによる効果やしくみについて，当時の文化志向の高い先進的な経営者たちは考えるようになってきます。メセナ協議会の初代会長であり，資生堂 10 代社長の福原義春氏（社長就任期間 1987-1997 年）は，企業が文化を支援する理由について，アメリカの企業団体 BCA のジョン・オング会長（当時）が述べた以下の言葉を引用しています（福原 2000）。

①文化への投資は大きな経済波及効果が期待できる。
②芸術と接することは企業で働く人の創造性を高める。
③企業の中に外部の文化価値を持ち込むことによって企業の価値構造を多元化することができる。
④地域市民の生活向上に貢献する。

　オングの支援理由を要約すると，「文化あるいは芸術は，経済的効果をもたらすと同時に，組織の創造性と価値観の多様化をももたらし，地域の活性化にもつながる」としており，まさに複合的な効果を見事に言い当てていると思われます。福原氏は，オングの主張に共鳴しつつ，文化支援をすることで，企業のなかに知性および感性が蓄積されることこそが価値であると述べています。その蓄積の多くは無形ですが，その一部がデザインや明文化された企業理念など有形のものとして現れるとしています（福原 2000）。福原はこの蓄積を，「企業文化」と定義し，社内に「企業文化部」を創設する

など，文化を支援しながら経営に活かしていくしくみの構築を目指します。のちに福原は，こうした企業文化の蓄積を「文化資本」と名づけ，文化資本に注力する経営の重要性を説いています[7]。

　その一方で，当時の西武百貨店を主軸にした流通集団「セゾングループ」を統括していた堤清二氏（西武百貨店社長 1966-1991 年）も，経営活動に文化を積極的に活用しています。1975 年には，百貨店のなかにはじめて美術館「西武美術館（後のセゾン美術館）」を設置しました。当時の日本では海外の有名美術館の作品を借りて展示する展覧会が多いなか，堤は当美術館を「時代の精神の根拠地」と位置づけ，現代アートを中心とした独自の企画力によって質の高い展覧会を継続的に実施しました（加藤 2018）。

　同時に，1973 年に開業した渋谷パルコの 9 階には，「西武劇場（のちの「パルコ劇場」）を創設し，現代演劇を中心に新しい演劇文化を生み出しました。1987 年には私財を投入し，「セゾン文化財団」を設立し演劇文化の育成支援を行っています（片山 2016）。

　"文化支援"というよりも，"文化創造"の域に達した堤による戦略は当時の流行に敏感な若者層の支持を集めます。こうして蓄積された文化イメージを基盤に，セゾングループの活動は，パルコを起点とした渋谷の街づくりや，最先端のファッションの提供，「アクロス[8]」[9]によるストリート視点からの文化発信活動，「無印良品」や

★7　文化資本は，一般的な学術用語としてはピエール・ブルデューによるものだが，ここでは福原氏の用語法にしたがっている。ブルデューがおもに議論したフランスでは，文化資本は階級関係による格差のシンボルのように位置づけられたが，福原氏の唱える文化資本とは，民衆的な広い基盤をもつものとして定義されている（池上 2017）。

★8　増田通二（元パルコ会長）は，パルコをファッションを買う場であると同時に，見せる場として，その志向を街へと拡大した。パルコへの道を公園通りと名づけ，見られるためのステージとした（『カーサブルータス』特別編集 2013「渋谷 PARCO は何を創ったのか!?」 マガジンハウス）。渋谷駅から遠いという立地の悪さを逆手にとり，街自体をメディアにする戦略によって渋谷パルコを成功させた。

★9　「アクロス」とは，1977 年に設立したパルコのファッションとカルチャーのシンクタンクが運営するメディア（http://www.web-across.com）。

西武美術館開館時のポスター
アートディレクター：田中一光
セゾングループ史編纂委員会編
(1991)『セゾンの活動──年表資料
集』リブロポート。

「LOFT」など新しいコンセプトの業態開発，時代の感性を切り取った新しい広告文化の創造など，バブルを謳歌する当時の東京に，新しい文化とライフスタイルを創造する装置としての役割をはたしてきました。[★10]

　しかし，時代を牽引したセゾングループにも，1990年代初頭に襲ったバブル経済の崩壊によって，危機が訪れます。経営危機の原因についてはさまざまな解釈がありますが，かつてセゾングループに属した企業の現況をみてみると，堤氏が主導して作り上げた文化的な経営資源（福原氏のいう「文化資本」）が，組織のなかに蓄積しなかったために，経営を再編成する際に生かされなかったことも一因であると考えられます。とはいえ，セゾングループが生み出した現[★11]

★10　上野千鶴子（1991）は，当時の広告活動について，CM が
メッセージから自立して"アート"し始め，CM 制作者の社会的地
位が上昇し，"作家"の個人名を冠した CM がアートのように流通
したと述べている。
★11　由井常彦ほか（2010）で分析されている。

1979 年の東京・渋谷の風景
朝日新聞社提供

代文化はさまざまな形で生き続けており，経営と文化の関係を考え
ていくうえで興味深い示唆をこんにちの私たちに与えてくれます。
　こうした 1930 年代以降の福原信三氏や大原總一郎氏，70 年代以
降の福原義春氏や堤清二氏による経営と文化を結ぶ壮大な構想は，
福武總一郎氏（現在，株式会社ベネッセホールディングス名誉顧問／公益財
団法人福武財団理事長）によって，現代においても脈々と受け継がれ
ていると考えられます。福武氏は，ベネッセの企業理念「よく生き
る」を体現するために「直島」で，アートによる地域支援活動を行
い，その場所に固有な作品「サイトスペシフィック・ワーク」を作
ることで島を活性化させました。さらに活動を点から面に広げ，瀬
戸内海を舞台にした「瀬戸内国際芸術祭（2010-)」の実現に大きな
貢献をはたしました。その結果，過疎化した島が点在していた瀬戸
内地方が，いまや世界の観光客にとって「今年行きたい場所」とし
て上位に選ばれるまでになったのです。[★12]
　福武氏はこうした一連の活動を実現するために独自の経営手法を
提唱しています。それは，株式の一部を出して財団化し，財団を企

業の大株主にして，配当金を公益事業にあてることで持続的な文化支援を可能にするというものです。福武氏はこうした概念を「公益資本主義」と呼んでいます（福武・北川 2016）。

　このように，福原義春氏，堤清二氏，福武總一郎氏といった先進的な経営者によって，文化と企業の関係は，「並列（パラレル）型」から，資本が還流する「循環（サイクル）型」へと転換し，持続可能なしくみづくりが模索されていったのです。

現代アートを駆使したブランディング

　2000 年代にはいると，世界経済は大きく成長し，それが引き金となってアート市場も活性化していきます。その背景となる要因として大きく 3 つ挙げられます。[13] ひとつめは，アートインフラの拡充です。テート・モダンのような有力な美術館の開館や国際的なアートフェアの開催など，アートを支えるインフラが多く出現しています。2 つめは，アート市場のグローバル化です。従来，市場は欧米が中心でしたが，中国，インド，中東などでアート市場が拡大していきました。3 つめは現代アートへの注目の高まりです。これまで一部の層によるニッチ市場でしたが，現代アートの扇動的なニュースが世界を飛び交い，大衆の耳目を集め，アート市場の中核を占めるようになりました。現代アートにおけるオークションの収益は，2000 年から 10 年で，約 10 倍に膨れ上がっているようです。こうした現代アートブームを背景に，欧米の高級ファッションブランドを中心に，1990 年代後半から，現代アートを積極的に活用したブランディング戦略が展開されるようになっていきました。

　ルイ・ヴィトンは，1997 年よりアーティスティック・ディレクター[14]にマーク・ジェイコブスを起用します。老舗のブランドがストリート文化の強いジェイコブスを起用したため，そのギャップから

★12　ニューヨーク・タイムズの選定によると 2019 年度は 7 位に選出されている。
★13　「世界のアートマーケット特集」『美術手帖』2012 年 1 月号より。
★14　ダニエル・グラネ＆カトリーヌ・ラムール（2015）を参考にしている。

大いに話題になりました。2001年，ジェイコブスは友人であるアーティストのスティーブン・スプラウス★15に声をかけ，「LV」のモノグラムとスプラウスのグラフィティが絡み合った「モノグラム・グラフィ」シリーズを展開します。そのシリーズは世界的なヒットとなり売上高に大きな貢献をしました。さらに，2003年には，村上隆とのコラボレーションを展開します。33色のポップなカラーによる「モノグラム・マルチカラー」を皮切りに2010年まで多くのコラボシリーズを展開していきます。どのシリーズも商業的な成功を遂げ，2007年には，ロサンゼルス現代美術館において「©MURAKAMI」展が開催され大きな話題を呼びました。このように，ルイ・ヴィトンは伝統ある老舗ブランドですが，従来のイメージとは対照的なストリートカルチャーやポップカルチャーを題材にした現代アートを取り込むことでブランドイメージの刷新と商業的な成功を同時に達成しました。

　もうひとつの高級ファッションブランドであるプラダはルイ・ヴィトンとは違ったアプローチを採っています。プラダの創業者マリオ・プラダの孫であるミウッチャ・プラダは，1978年にデザイナーに就任し，長く低迷が続いたブランドの再活性化に成功します。もともとアートに造詣が深かった彼女は，1993年にプラダ財団を設立し，財団として現代アートを収集するとともに，それらを企画

プラダ・エピセンター・
ニューヨークの室内風景
©PRADA 2007-2019

★15　Stephen Sprouse（1953-2004）　1980年代のカウンターカルチャースタイルを世界に広めたアーティスト（ルイ・ヴィトンナビより）。

プラダ財団（ミラノ）
プラダのアート収集の集大成であり，
「保存」と「創造」の「共存」と「相
互作用」がコンセプト。
Photo: Ricardo-Gomez-Angel

展示するスペースを設立しています。プラダ財団の設立は，純粋に
現代文化が必要とするものを供給するためであり，戦略的な狙いは
ないとのことですが，ミウッチャ自身，現代アートと関わることに
ついて，ファッションの仕事のルーティンから逃れるためであった
り，アーティストと議論することによってアイデアの源泉を得るこ
とであると述べています（グラネ＆ラムール 2015）。

　また彼女は建築にも造詣が深く，建築家レム・コールハース[16]との
交流を通じて，店舗の開発，アートの展示スペース，美術館の建設，
商品開発などを含む約 10 のプロジェクトを実行しています[17]。代表

★16　Rem Koolhaas（1944 年 -）オランダ出身の建築家，都市計
画家。建築設計事務所 OMA（Office for Metropolitan Architecture）
とその研究機関である AMO の所長。プリツカー賞（2000 年）受賞。
★17　レム・コールハースのインタビューより。SSENSE「都会
と田舎の狭間でレム・コールハースが建築を語る」（https://www.
ssense.com/ja-jp/editorial/culture-ja/deep-diving-with-rem-
koolhaas?lang=ja）。

的なプロジェクトにニューヨークにある「エピセンター（震源地）」
があります。ここは，ブティック，公共スペース，ギャラリー，パ
フォーマンススペース，実験室からなる複合施設です。コールハース
は，この施設の役割について「プラダとは何か。プラダとはどう
あるべきか。プラダとはどうなるべきか。といった既成概念と対抗
し不安定にさせることによって，ブランドを刷新するための装置と
する。そして概念的な窓としてのエピセンターの機能とは，多くの
典型的な店舗をポジティブに変えていく未来への方向を発信するメ
ディアになることである」（OMA/AMO & Koolhaas 2001）と述べてい
ます。このステートメントからは，プラダのブランドとしてのあり
方を問いかけようとするコールハースの意思が込められており，そ
れを発注したミウッチャのラディカルな姿勢をうかがうことができ
ます。

　最後に，ドイツのファッションブランドであるヒューゴ・ボスの
アート賞「HUGO BOSS PRIZE（ヒューゴ・ボス賞）」を取り上げて
みましょう。この取り組みは，当ブランドのアメリカ市場への進出
をきっかけに，1996 年に近現代アートの殿堂のひとつであるソロ
モン・R・グッゲンハイム美術館と 5 年間で 500 万ドルのパート
ナーシップを結ぶことで設立されました。これは，2 年に 1 度，美
術館長，学芸員，評論家によって審査され，年齢，性別，国籍，制
作手法を問わず，革新的な制作活動を展開するアーティストに賞が
与えられるもので，選出されたアーティストには 10 万ドルの賞金
とグッゲンハイム美術館での展覧会の機会が提供されます。設立
20 年を迎え，いまやターナー賞[18]などの世界を代表する賞のひとつ
として位置づけられています。

　ヒューゴ・ボスは，当活動をブランドのマーケティング活動とは
切り離していますが，さまざまなメディアでの露出や，社交界との

★18　イギリスのテート美術館が組織する，現代美術のアーティ
ストに授与する賞。19 世紀イギリス・ロマン主義の画家 J・M・
W・ターナーに因んで命名された。50 歳以下のイギリス人および
イギリス在住アーティストのなかから，過去 1 年間にイギリス現代
芸術に最も大きな貢献をしたアーティストに与えられる（https://
artscape.jp/artword）。

交流などブランドイメージの向上にもたらす効果は計りしれません。さらに近年は中国との関係を深めようと，2013年には上海外灘美術館とパートナーシップを組み「ヒューゴ・ボス　アジアアート賞」を設立し，中国のアート編集者や日本のキュレーターなどを組織化し，2年に1度，新進気鋭の中国人アーティストの選出を行っています。

　以上3つのファッションブランドの取り組みを見てきましたが，老舗の高級ファッションブランドにとって「伝統と革新」は共通の理念であるといえます。その理念を実現するために，同時代性の象徴である現代アートを活用することによってブランドイメージを革新すると同時に，現代アートに関心が高い富裕層をも取り込むという，まさに一石二鳥の戦略となっているといえます。[19]

次世代アートの出現とイノベーションへの模索

　インターネットの進展によって私たちの生活スタイルは大きく変わっていきました。そうしたなか，企業は飛躍するテクノロジーの進化に対応しようとイノベーションを模索することになります。

　伊藤穰一（2015）は，インターネットがたんなるテクノロジーや技術要素ではなく，人々の思考にあらゆる側面から影響を与えており，そのなかで，ものづくりやアートやデザインといった生産・製造技術，文化活動や表現活動にもたらしている作用効果は計り知れないと述べています。では，インターネットやテクノロジーの進展によって，どのような新しいアート表現が生まれているのでしょうか。

　先駆的な事例として「タンジブル・ビット・プロジェクト」（石井ほか2000）が挙げられます。このプロジェクトでは，「人」と「ビット（デジタル情報）」と「アトム（物理的世界）」の間のなめらかなインターフェースを追求した表現が生まれています。

　プロジェクトにおける代表的な作品として「ピンポンプラス」（石井ほか2000）があります。これは，卓球台の表面をデジタルの水が覆い，ボールが落ちるたびに波紋が拡がるというもので，「卓球」

★19　辛美沙（2008）の分析を参考にしている。

「**ピンポンプラス**」（1997-1998 年）
石井裕，クレイグ・ウィズネスキー，ジュリアン・オルベインズ，ブレア・ダン，ベン・チュン，ルジラ・
ホングラダロン，ジェイ・リー
写真提供：NTT インターコミュニケーション・センター（ICC）

　というスポーツ自体を，デジタル世界との相互作用によるインター
フェースに変えてゆくというプロジェクトです。

　1990 年代後半以降，このように，デジタル技術を活かすことに
よって，鑑賞者が単に作品をみるだけでなく，鑑賞者の介入によっ
て変化していくことを特徴とした作品が多くみられるようになりま
した。（久保田・畠山 2018）。

　さらに，新しい表現はさまざまな分野が融合することで生み出さ
れています。伊藤（2013）は，「創造性のコンパス」と名づけたグ
リッド（**図 6-2**）を提示し，創造性を高めるには，「科学」「工学」
「アート」「デザイン」といった 4 つの異なる分野を横断することの
必要性を説きます。

　伊藤がいうには，「エンジニア」と「デザイナー」は，物事の実
用性に着目し，観察と問題の把握を通じて解決法を編み出すことで
世界を把握する一方で，「芸術家」と「科学者」は，自然や美しさ
などの要素との関連のなかで表現を追い求める傾向があるとしてい

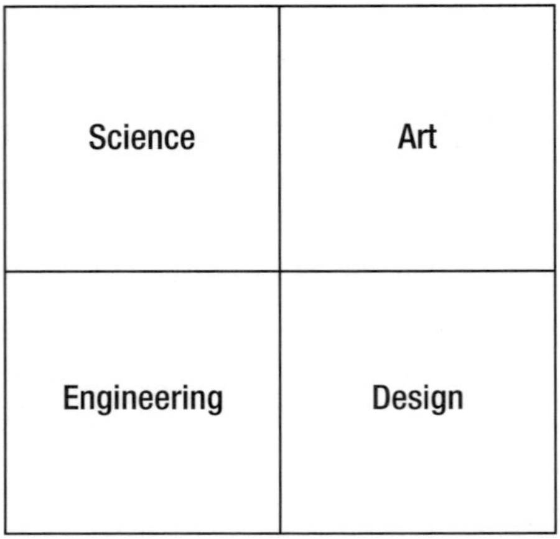

Science	Art
Engineering	Design

図 6-2　創造性のコンパス

ます。おもしろく印象深い創造は，こうした異なるアプローチが融合し，4 つの象限のすべてを横断することによって生まれるとしています。（伊藤 2013）。

　ネリ・オックスマンは，それを体現した代表的な表現者のひとりです。彼女は，自然の造形や生物の生命のしくみを，アルゴリズムによって明らかにし，3D プリンターなどのデジタル技術や生物学的な素材によって，バイオアートと呼ばれる作品を生み出しています。それらの作品は，自然の神秘とデジタルの世界が融合し，私たちがこれまで見たことのない美しさを備えています。その美の法則はまったく新しく作られたものではなく，私たちが日々接している自然環境や身体環境のなかから生み出されているものであるといえます。

　一方で，「スペキュラティヴ・デザイン」といった概念も登場しています（ダン・レイビー 2015）。「スペキュラティヴ（Speculative）」とは「思索する」という意味であり，社会に対する問題を投げかけ，起こりうるかもしれない未来を暗示するような作品を生み出す試みです。

　具体的なひとつの例として，長谷川愛[20]の「インポッシブル・ベイビー[21]」が挙げられています。これは，男性の皮膚細胞からつくった万能細胞で生殖細胞を作成できるという技術を活用して「同性カップルが血縁関係のある子供をつくる未来」を提示するプロジェクト

「カマール，月を彷徨う人」
ネリ・オックスマン（2014年）
所蔵：ストラタシス
撮影：Yoram Reshef

です（スプツニ子！2015）。このように人間の倫理や宗教観を揺るがし，未来を思索するような表現活動も見られるようになっています。

こうした実験的な表現は，影響力のあるミュージアムやアートフェスティバル[22]でも展示されるようになり，アート作品として捉えられるようになっていきます。その結果，1980年代から始まる「メディア・アート」[23]という分野のひとつとして組み込まれ芸術的にも評価されるようになってきました。落合陽一は，今日のメディア・アートを始めとする表現を「魔法の表現」と呼んでおり，現代アートの主流をなす作品の持つ意味をめぐる「文脈のアート」[24]ではなく，

★20　長谷川愛：アーティスト/デザイナー。2014年よりマサチューセッツ工科大学メディアラボのデザイン・フィクション・グループにて研究員を務める。

★21　https://aihasegawa.info/impossible-baby-case-01-asako-moriga

★22　ニューヨーク近代美術館やアルスエレクトロニカなどを指す。

★23　落合（2015）は，メディア・アートの定義について，メディア・アーティストで東京藝術大学教授の藤幡正樹を引用し，「電子技術をメディアとした表現である」「メディアに対して意識的である」「新しいメディアを作ることである」の3つの条件を挙げている。

そのアートに触れたときの驚きや感動に軸足を置いた「原理のアート」の時代が来ていると述べています（落合 2015）。

「科学」「工学」「デザイン」「アート」の垣根のない新しい表現や，未来を思索する表現アプローチは，急速な進化のなかで，イノベーションを模索する企業に刺激を与えることになりました。MIT メディアラボやアルスエレクトロニカといった研究機関やアートフェスティバル[★25]に対して，企業はパートナーシップを結ぶことで，知見やアイデアを共有したり，あるいは，共同プロジェクトに参画することで試作品を開発する「プロトタイピング」といった活動を活発化させています。このようにインターネットの進展はアート表現のあり方を変えると同時に，ビジネスとアートに新たな関係を生み出しているといえます。

「問い」としてのアート・シンキング

2010 年代に入ると，ビッグデータや AI に対する関心が高まり，企業はどう対応するべきか模索するようになります。そうした危機感のなかで，ビジネスパーソンたちは，これからのビジネスのあり方を問うようになり，経営は「アートなのか，それともサイエンスなのか」といった議論がさまざまなところで起きてきます。山口周（2017）は，VUCA[★26] と呼ばれる時代のなかでは，論理的・理性的な思考に偏った経営は成り立たず，今後必要になるのは，経営における「美意識」であると主張します。美意識とは，経営における「真・善・美」を判断するための認識のモードであり，美意識を鍛える方法として，アートをみて感じたままを言葉にしたりするなど，アートを鑑賞し解釈することの必要性を唱えています。

こうした考え方は，IT，広告，デザインなど比較的アートと親和性の高かった業界だけではなく，コンサルティング業界や伝統的

★24　現代アートの主流を占める「文脈のアート」の解説については，本書第 7 章を参照のこと。
★25　世界における研究機関については，塚田編（2018）に詳しく書かれている。
★26　Volatility（不安定），Uncertainty（不確定），Complexity（複雑），Ambiguity（曖昧）。

な産業などアートと関係が希薄だった業界へと広がり，アートによる思考法を取り入れようとする試みが生まれています。たとえば，美術館のアートを鑑賞するプログラム，デッサンを学ぶワークショップ，実際にアート作品を創作するワークショップなど，さまざまな取り組みが広がっています。

　一方で，「デザインか，それともアートか」という議論も起こっています。これまでIT業界や広告業界では，「デザイン・シンキング」という方法論が注目を浴びてきました。デザインとはたんに見た目を美しくするだけの技術ではなく，デザインを生み出すプロセスにおける思考法は，幅広い課題解決の役に立つというものです。デザイン・シンキングの創始者であるブラウン（2010）は，人間中心の視点で注意深く観察することによって共感しうるヒントを導き，着想したアイデアから試作品を作り出し，生活者の体験をベースにデザインしていくというプロセスを提唱しています。こうしたデザイン・シンキングによって生活に根づいた多くの商品やサービスが生み出されていったのです。

　このように，デザイン・シンキングは，優れた課題解決の方法論ですが，その一方で，「アート・シンキング[27]」という新しい概念が台頭するようになりました。しかし「アート・シンキング」という言葉は多義的に使用され，まだ定まった定義はありません。

　神谷泰史（2017）は，「アートには，社会の動きを敏感に察知し，先んじて作品という形で世の中に問題を投げかける機能があり，この問題提起の視点がビジネス創出において従来とは異なる軸の価値を生み出すアプローチになりえるのではないかという期待からアートが注目されており，特にデザイン思考と対比する形で問題提起のための思考法としてアート・シンキングという概念が同時多発的に提案されているのではないか」と分析しています。

　後藤繁雄（2018）は，端的に「デザインは"解"であり，アートは"問"である」と表現していますが，問という点に重点を置いたアート・シンキングを取り入れることで，企業のヴィジョンを構想

★27　「アート思考」という表記もあるが，本書では「アート・シンキング」という表記に統一した。

したり，アート・シンキングに関する方法論が試されるなど，現在[28]さまざまな動きがみられるようになりました。

2　アート・イン・ビジネスとはなにか

　以上，約100年にわたって企業とアートの関係について概観してきました。表6-1は，これまでの分析で確認された各潮流におけるアート効果を列挙したものですが，じつに多様な効果を見出すことができます。

　さらに，企業とアートの関係性の変化を整理すると，以下のように大きく3つの傾向が読み取れます。そしてそれらの傾向が互いに重なりあいながら，企業とアートの関係は，より密接に絡み合ってきていると考えられます。

① 「CSR」から「CSV」へ

表6-1　アート効果

潮流① 1920-1960年代	潮流② 1970-1990年代前半	潮流③ 1990年代後半 -2000年代	潮流④ 2000年代前後	潮流⑤ 2010年代以降
パトロナージュ型 経営	経営と 文化支援活動	現代アートによる ブランディング	次世代アートと イノベーション	「問い」としての アート・シンキング
・感性の獲得 ・同時代性の共有 ・**地域貢献** ・文化的コミュニティの形成 ・文化支援	・社会的評判 ・経済効果 ・従業員の創造性 ・**価値構造の多元化** ・組織の活性化 ・地域貢献 ・街づくり	・伝統的イメージの刷新 ・ブランド活性化 ・創造力の源泉 ・文化支援 ・**富裕層との関係強化** ・高級イメージ ・社会的評判 ・話題の醸成	・非連続イノベーションの創出 ・先進的技術への対応 ・異分野の融合 ・未来の思索 ・**プロトタイピング**	・論理的思考からの脱却 ・思考プロセスの獲得 ・美意識の獲得 ・**問題提起力の強化**

太字は各潮流における特徴的な効果を示している。

★28　ヒンディ（2018）は，アーティストのスキルを「アーティスティック・マインドセット」と統合し，「①観察」「②質問」「③アイデア創出」「④関連づけ」，その他のスキルとして「①共感」「②経験」「③ヴィジュアル化」の7つを挙げている。

②「トップダウン」から「ボトムアップ」へ
③「ストック」から「フロー」へ

　ひとつめの傾向は，「CSR」から「CSV」への転換です。近年，経営戦略論研究において，「CSR（corporate social responsibility；企業の社会的責任）」から「CSV（creating shared value；共通価値）」への転換が唱えられています。CSV とは，社会的価値と経済的価値の同時実現を目指す戦略概念です（ポーター＆クラマー 2011）。これを企業とアートの関係に当てはめると，潮流②においては，両者の間には常に一定の距離を保ちつつ，一方的にアートに献身的に貢献するという CSR としての意味合いが強かったのですが，それ以降はその距離は縮まり，アートを積極的に取り入れつつ，ビジネスへの効果の同時実現を目指す CSV の意味合いが強くなってきているといえます。

　2 つめの傾向は，「トップダウン」から「ボトムアップ」への転換です。潮流③までは，文化的な志向が強い経営者のトップダウンによって，アートに関する活動が行われていましたが，それ以降は，個別の事業を担うプロジェクトリーダーや近年は現場の従業員が自発的にアートと関わりを持つ事例も増え，ボトムアップによる活動がみられるようになっています。

　3 つめの傾向は，「ストック」から「フロー」への転換です。潮流③までは，アート作品を所有したり，美術館を設立しコレクションを展示する，あるいは企画展を実施するといったアートを「ストック（固定的資産）」として活用する活動が中心でしたが，潮流④以降は，アーティストとの交流や協働作業，あるいはアートの思考プロセスを取り入れようとするメソッドの活用など，アートを「フロー（流動的資産）」として取り入れる試みも増えているといえます。

　こうした 3 つの傾向からいえることは，アートとビジネスの関係は，より多様化し密接になってきているということです。従来から，「崇高なアートとビジネスは切り離すべきだ」とする考え方は根強くありましたが，それはもう遠い過去の話かもしれません。本章を通じてみてきたように，5 つの潮流が有機的に融合し，「ビジネス

のなかにアートがまるで空気のように存在する時代」はもうすでに，私たちの目の前に訪れているといえるのです。

　そうした状況を我々は「アート・イン・ビジネス」と呼ぶことにします。「アート・イン・ビジネス」とは，端的にいうと「ビジネスにアートを取り入れること」を意味し，「ビジネスパーソン一人ひとりが，ビジネスにアートパワー（問題提起力，想像力，実践力，共創力）を取り入れることで，ビジネスのあり方を問い，ビジネスに多元的なアート効果（ブランディング，イノベーション，組織活性化，ヴィジョン構想）をもたらし，ビジネスを通じて組織や社会を変革していく思考かつ実践活動」と定義されます。来るべき「アート・イン・ビジネス」の時代には，アートをたんに富の象徴や社交のツールとしてではなく，アイデアの開発から企業ヴィジョンの構想，さらには組織文化の活性化など，企業活動全般にアートを浸透させ，ビジネスから社会へと好影響を及ぼす循環を戦略的に構築していくことが目指されていくのです。

参考文献

ブラウン，ティム（2010）『デザイン思考が世界を変える──イノベーションを導く新しい考え方』千葉敏生訳，ハヤカワ新書 juice。

ダン，アンソニー＆フィオナ・レイビー（2015）『スペキュラティヴ・デザイン 問題解決から，問題提起へ。──未来を思索するためにデザインができること』久保田晃弘監修，千葉敏生訳，ビー・エヌ・エヌ新書。

電通 abic project 編（2018）『プレイス・ブランディング──"地域"から"場所"のブランディングへ』有斐閣。

福原義春（1990）『企業は文化のパトロンとなり得るか』求龍堂。

福原義春（2000）『メセナの動き──メセナの心』求龍堂。

福武總一郎・北川フラム（2016）『直島から瀬戸内国際芸術祭へ──美術が地域を変えた』現代企画室。

後藤繁雄（2018）『アート戦略/コンテンポラリーアート虎の巻』光村推古書院。

グラネ，ダニエル／カトリーヌ・ラムール（2015）『巨大化する現代アートビジネス』鳥取絹子訳，紀伊國屋書店。

林容子（2004）『進化するアートマネジメント』レイライン。

ヒンディ，ニール（2018）『世界のビジネスリーダーがいまアートから学んでいること』長谷川雅彬監訳，小巻靖子訳，クロスメディア・パブリッシング。

池上惇（2017）『文化資本論入門』京都大学学術出版会。

井上太郎（1998）『大原總一郎——へこたれない理想主義者』中公文庫。

石井裕＋タンジブル・メディア・グループ／マサチューセッツ工科大学メディアラボ（2000）『タンジブル・ビット——情報の感触　情報の気配』NTT 出版。

伊藤穰一（2013）「創造性のコンパス」モデル（https://joi.ito.com/jp/archives/2013/08/02/005541.html）。

伊藤穰一（2015）『ネットで進化する人類——ビフォア／アフター・インターネット』角川学芸出版。

神谷泰史（2017）「アートの視点を取り入れた価値創出の可能性——ヤマハ（株）の新規事業開発の取組み事例から」『デジタルプラクティス』8（4）。

片山正夫（2016）『セゾン文化財団の挑戦——誕生から堤清二の死まで』書籍工房早山。

加藤種男（2018）『芸術文化の投資効果——メセナと創造経済』　水曜社。

久保田晃弘・畠山実編（2018）『メディア・アート原論——あなたは，いったい何を探し求めているのか？』フィルムアート社。

小林真理・片山泰輔監修・編（2009）『アーツ・マネジメント概論』水曜社。

落合陽一（2015）『魔法の世紀』PLANETS。

OMA/AMO & Rem Koolhaas（2001）『PROJECT FOR PRADA PART 1』FONDAZIONE PRADA EDIZIONI.

ポーター，M. E. ／ M. R. クラマー（2011）「共通価値の戦略——経済的価値と社会的価値を同時実現する」『DIAMAOND　ハーバード・ビジネス・レビュー』6 月号。

辛美沙（2008）『アート・インダストリー——究極のコモディティーを求めて』美学出版。

資生堂企業文化部編（1995）『資生堂ギャラリー七十五年史　一九一九〜一九九四』資生堂。

資生堂企業資料館（1995）『資生堂ものがたり──資生堂企業資料館収蔵品カタログ（1872 〜 1946)』資生堂企業資料館。

資生堂企業文化部編（1993）『創ってきたもの　伝えてゆくもの──資生堂文化の 120 年』資生堂。

スプツニ子！（2015）「テクノロジーの前あし，アートの触角」伊藤穰一編『ネットで進化する人類──ビフォア／アフター・インターネット』角川学芸出版。

塚田有那編著（2018）『ART SCIENCE IS.──アートサイエンスが導く世界の変容』ビー・エヌ・エヌ新社。

上野千鶴子（1991）「イメージの市場─大衆社会の『神殿』とその危機」セゾングループ史編纂委員会編『セゾンの発想──マーケットへの訴求』リブロポート。

和田博文（2007）「資生堂＝モダン都市文化の発信地」『資生堂ギャラリー七十五年史』資生堂。

山口周（2017）『世界のエリートはなぜ「美意識」を鍛えるのか？──経営における「アート」と「サイエンス」』光文社新書。

由井常彦・田村茉莉子・伊藤修（2010）『セゾンの挫折と再生』日本経営史研究所。

『別冊太陽』2019 年 5 月 22 日号。

「渋谷 PARCO は何を創ったのか!?」『カーサブルータス』特別編集 2013。

「世界のアートマーケット特集」『美術手帖』2012 年 1 月号。

II アート・イン・ビジネスの理論的背景と実践法

07

アートとはどのようなものか

キーワード

現代アート

芸術は炭鉱のカナリア

アートワールド　　余白

アイデアの源泉

第Ⅱ部は「アート・イン・ビジネスの理論的背景と実践法」について議論していきます。

ここでは，本書全体の議論の理解を深めるために，本書で扱う「アート」とはどのようなものを想定しているのか，かみくだいて提示していきます。

　ここまで，ビジネスとアートの関係性について多くの事例を紹介してきました。その基礎には，もちろん「アート」それ自体の蓄積があります。本章では，まずアートを歴史的な側面から説明したうえで，本書で扱うアートとはどのようなものであるのかを概観します。成り立ちや，テーマという観点から紹介し，実例を挙げることで，アートが具体的にイメージしやすいものになるよう試みます。

　我々は，本書において扱う「アート」とは，以下の 3 点を兼ね備えたものであると定義しています。

｜①アートの歴史，ひいてはこれまでの人類の歴史を踏まえたうえ

　　で生み出されたもの
②いまを生きる私たち自身や，現代の社会（政治／経済などを含む）
　に対する言及を含むもの
③作品を作るアーティスト自身が，その表現をするに至る必然性
　があるもの

　これらを兼ね備えたアートは，いわゆる「現代アート」というく
くりにあるものです。いま，このとき，まさに生み出されている現
在進行形のアートこそが，いまここで進行するビジネスに対して価
値を持つと考えるからです。

1　「現代アート」の時代

アートの歴史といまのアート

　振り返るとアートの歴史は，洞窟壁画を代表とする先史時代にま
でさかのぼることができます。当時からアートは私たち人類の生活
のなかに身近な存在として存在していたと推測されており，その歴
史は人類の歴史とともにあったことがわかります。つまり，アート
と一口にくくってしまうと，ある意味で先史時代の表現から，まさ
にいまどこかで生まれつつある表現までのすべてを含んでしまうこ
とになりえます。しかし，それではあまりに複雑でわかりにくい話
になってしまいますので，冒頭でも述べたことの繰り返しになりま
すが，本書において着目する「アート・イン・ビジネス」の枠組み
において扱うアートは，その長い歴史の積み重ねすべてというわけ
でなく，いまここで進行しているビジネスと共存し，ともに進行し
ているアート，つまりいわゆる「現代アート」を念頭においていく
ことにします。

アートは時代を反映している

　しかしそもそもよく考えてみると，いま現在私たちがアクセスで
きる（知識として触れたり，鑑賞したり体験したりできる）すべてのアー
トは，それが生み出された時点では間違いなく現代（の）アートで

あったわけで，それが長い時間を超えて後世に残ることでアートの歴史，アートの文脈というものが形成されてきました。アートには，まず一般的に最初にイメージされるであろう美しいもの／美であるという価値に加え，時代への批判的思考（critical thinking：直接的なメッセージとしてアクティビズム的なものを含む場合より，きわめて穏やかに，しかし明確に現代社会に対する違和感などが示される場合が多い）が本質的価値として含まれています。したがって，アートが同時代を生きる人々や社会に対して持つパワーは，後世を生きる人々や社会に対して働きかけうるパワーとは異なり，単純に美的な刺激のみならず，鑑賞者一人ひとりの社会生活に対してリアルな影響を与えうる，大きな力を持つと考えられるのです。

　20 世紀アメリカの著名な小説家カート・ヴォネガットは 1969 年に全米物理学教員大会におけるスピーチで「芸術（芸術家）は炭鉱のカナリアである[1]」と発言しているのですが，その発言は当時から大きく注目され，いまも広く語り継がれています。ヴォネガットの発言をきっかけに，アーティスト（小説家を含む）が現代社会に潜む歪みや違和感を真っ先に察知し，それをアート作品という形で表現し，社会に対して警鐘を鳴らす役割を担っていることを社会が認識するようになりました[2]。

　したがって，本書において対象とする「ビジネス」がまさにいま進行しているものである以上は，本書において対象とする「アート」もまさにいま進行しているアート，いわゆる「現代アート」とすることが妥当であると我々は考え，話をすすめていきたいと思います。ここで，いわゆると書いたのには，じつは大きな意味があります。現代アートという語の指し示すところの「現代」についての厳密な定義には，さまざまな議論があるのです。1917 年に開催された，ある展覧会におけるマルセル・デュシャンが巻き起こした出

★1　その昔，炭鉱採掘においては有毒ガスや酸素欠乏などが鉱夫たちにとって大きなリスクであったため，鉱夫より先にそれらの異変を察知するカナリアを連れて行くことで，重大な炭鉱事故を回避したというエピソードになぞらえた発言。
★2　この発言をめぐる彼の思想は，ヴォネガット（2008）に収載されており，日本語で読むことができる。

来事を起点とする説や，第二次世界大戦後に生まれたアートを起点とする説などがあるのですが，ここではその議論には深入りせず，「現代につくられており，かつ現代的なテーマをあつかっているもの」を「現代アート」としてすすめていくこととします。

2　現代アートはどのように成立するのか

アートの成立とアートワールド

　ここで，そもそもアートが成立するとはどのようなことなのか，について少し考えていこうと思います。アート作品自体は，物理的な現象としては，ひとりの人間であるアーティストのアイデアから生み出された人工物であるとも考えられるのですが，じつはその人工物がただ存在するだけではアートとしては成立しません。ひとりの人間から生み出された人工物が，いわゆる「アートワールド」というところを経由することで，はじめてアートとして成立するといわれています。ここでいう「アートワールド」とはアートを価値づけしていくための共同体を意味し，美術館や批評家，ギャラリー（画廊）やコレクターなどから構成される緩やかな集合体というイメージです（ベッカー 2016）。アーティストから生み出された作品は，「アートワールド」というしくみのなかで，これまでのアートの歴史（美術史）を参照しながら鑑賞されたり議論されたりすることで，さまざまな意味や解釈が組み込まれていき，価値化されていきます。哲学者であり，美術評論家でもあるアーサー・ダントー（2018）は，アート作品とは「受肉化されたアイデア（embodied meanings）」あるいは「解釈の乗り物」であると定義しています。この定義は，まさにアーティストから生み出された原型としてのアートが意味を獲得するのには，他者による意味づけ，解釈が不可欠であることを示し，裏を返せば，他者からの関与をもってしてはじめて成立するということ自体が，現代アートの特質の一つなのではないかと考えられるのです。

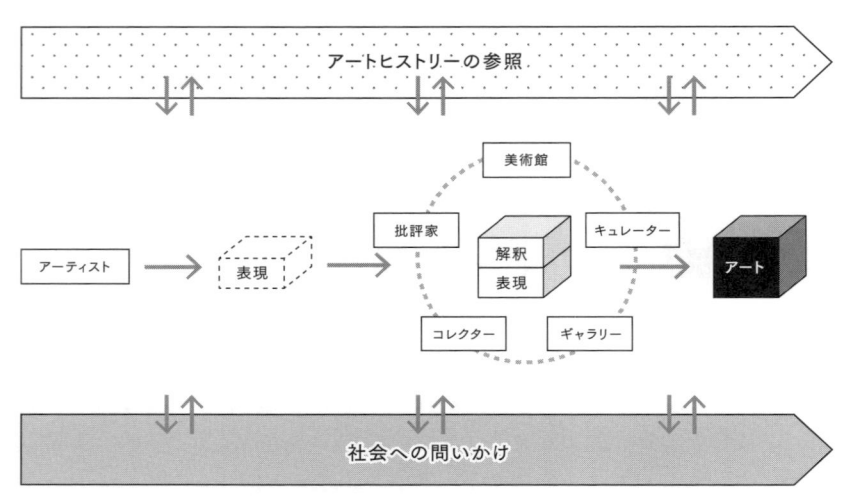

図 7-1　現代アートを成立させる要素
アーティストによって生みだされた表現の上に，アートワールドにおける意味づけや解釈が構造化されることで
アート作品として自律が可能となり，その上で，アートワールド外にある広い社会・世界への問いかける力を発
揮するようになることを表す。

アートワールドの外の世界とアートの関係

　さらに，アートの成立にはアートワールド内における意味づけだ
けでなく，アートワールドの外にある，私たちの生きる社会，世界
も大きく関わってくると我々は考えています。次節でもお示ししま
すが，アート作品には，アーティスト自身の世界へのまなざしが表
現され，そこには私たちの生きる社会や私たちの精神に対する問い
かけが含まれています。その問いかけは，一般的にイメージされや
すい美しい色や優美な曲線などからなるアートというものに比べ，
時に刺激的で，時にラディカルであるかもしれません。しかし今日
における現代アートとは，アートワールド外の社会に対して，ラ
ディカルに問いかけ続ける営みであると同時に，それがアートワー
ルドを経由することでアートの歴史・文脈のなかで多様な解釈が組
み込まれた乗り物であると捉えたほうが実態に近いのではないかと
我々は考えています。現代アートは，一方でアートヒストリー，も
う一方で社会という強い磁力を持つ時空間のなかで，常に揺らぎな
がら存在しているともいえるのです（図 7-1）。

3　現代アートはアイデアの宝庫なのか

現代アートのテーマ

　ここで，少し目先をかえて現代アートはアイデアの宝庫であるとはどういうことなのかについて考えてみたいと思います。

　まず最初に，実際，我々がこれまで国内外の現代アート作品を鑑賞し，それらの作品やそこで出会ったアーティストたちが主題／テーマとして扱う問題を現代社会との関わりごとに整理し，マインドマップ上にそれらをまとめたものを提示します（図7-2）。

　これは現代アートのごくごく一部（我々の目に触れたもの）だけを反映させたマインドマップなので，まだまだ全体像を捉えるものにはなっていませんが，しかしこれらはまさに現代社会の現状もしくは，現代社会の抱えるさまざまな問題の諸相であり，私たちの日々関わるビジネスもこれらの社会に礎をおいて成立していることがおわかりいただけるのではないでしょうか。「えっ，これがアートなの??」と驚かれる方も多いのではないかと思いますが，まぎれもなくこれがいまのアートであり，良質な（いわゆる）「現代アート」は現代の諸相をアップトゥデートに捉え，私たちが生きていく／ビジネスしていくのにきわめて重要なティップスにあふれた存在なのです。

アイデアの源泉とするには？

　先頃，アートジャーナリスト・編集者である小崎哲哉が，NEWSWEEK オンライン上において「現代アート評価法」を提唱し，それはその後書籍においてまとめられ（小崎 2018），アートワールド内外で話題となりました。一見わかりにくい現代アートをどのような視点で見るとより理解が深まるか，という観点からまとめられた「現代アート評価法」においては，8 つの評価軸が提唱されているのですが，本書では現代アートの理解の仕方を探求していくという論旨ではなく，「アート・イン・ビジネス」を実践していくなかで現代アートと向き合っていくうえで，どのような要素を備

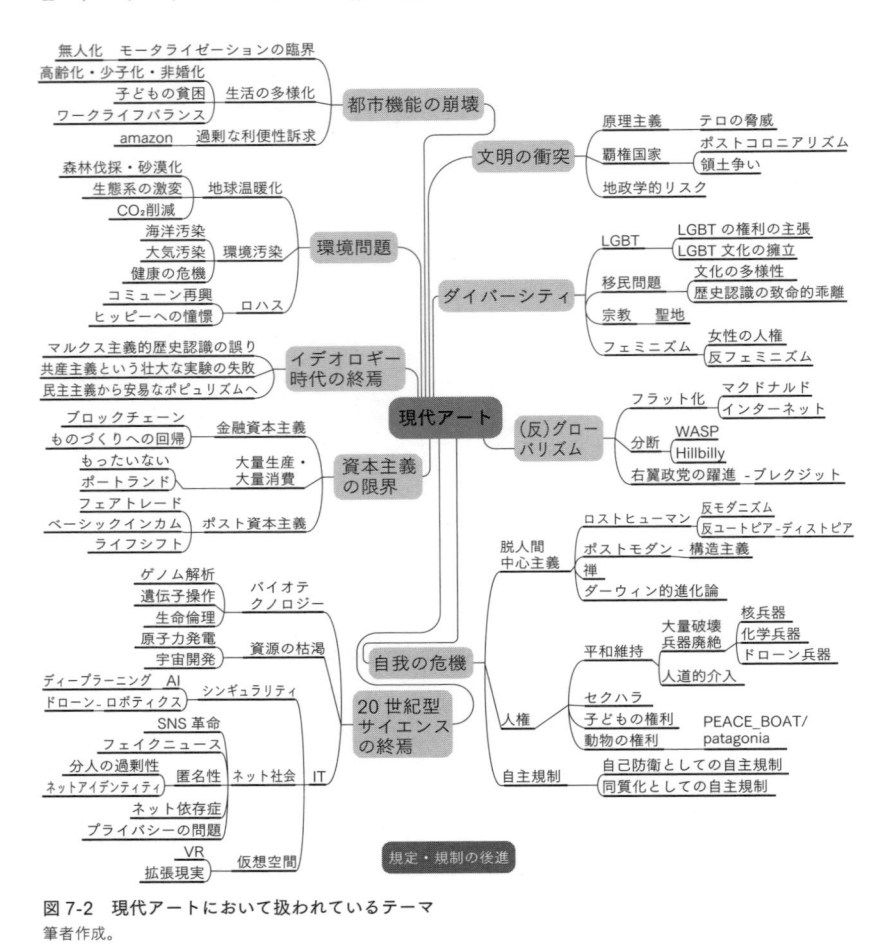

図 7-2　現代アートにおいて扱われているテーマ
筆者作成。

えた現代アートが，より大きなインパクトを与えうるのかを判断し
ていくためのヒントとして小崎の「現代アート評価法」をご紹介し
ていこうと考えています。

現代アートの構成要素

　まず小崎は，8つの評価軸を「新しい視覚・感覚の追求」「メディ
ウムと知覚の探求」「制度への言及と異議」「アクチュアリティと政
治」「思想・哲学・世界認識」「私と世界・記憶・歴史・共同体」
「エロス・タナトス・聖性」「完成度と補助線」と設定しています。

表7-1　現代アート評価法

---

①新しい視覚・感覚の追求

作品を目にした瞬間に鑑賞者が体験する感覚的なインパクトの追求。作品鑑賞を通し鑑賞者に対して，非日常感やいままで体験したことのない感覚を与える力。

②メディウムと知覚の探求

アーティストが作品をつくる際に表現手段となるメディウム（表現方法など）についての知的な探求。新しい表現手法の開発や，イノベーティブで新しい利用法なども含み，さらに「つくるとは何か」「見る／見せるとは何か」ということに対する探求も含む。

③制度への言及と異議

これまでの美術史，既存のアート文脈のなかで，自分の作品が存在することの根拠となるような革新的新規性の主張と，その新規性が存在していなかった過去（自分以前）のアートへの異議の申し立て。アートの定義の書き換え，アートの守備範囲の拡大の訴え。

④アクチュアリティと政治

アーティストであることの有無を超えて，同時代を生きるひとりの人間としての実在の発露。政治批判や反体制的な態度の表出も含む。

⑤思想・哲学・科学・世界認識

人類にとって普遍的な問題である個人の生死を超えて存続する世界に対する認識や思想。未来を予見し，人類が生きていくうえで共有可能な世界観の表現。

⑥私と世界・記憶・歴史・共同体

アーティスト自身の個人的体験や個人的事情（個人史）と，自身の属する家族，コミュニティ，社会，世界との関係の表出。私小説的規模から，世界史にコミットする規模まで規模は多様だが視点は固定された自己。

⑦エロス・タナトス・聖性

生物としての人類に共通する観念としての生死，およびそれと表裏一体となる性に対する主観的表現。そこに見え隠れする死と生。バタイユのいうところの"エロティシズムについては，それが死にまで至る生の称揚だということができる"。聖なる不可侵な領域への憧憬も含む。

⑧完成度と補助線

作品制作の際に制作者（アーティスト）から鑑賞者の理解のヒントとなるような補助線を作品中に含ませること。鑑賞者に想定されるさまざまな個性やリテラシーレベルへの配慮が備わり，多層的に理解可能な作品ほど評価が高くなる。①〜⑦は現代アート制作者の動機に根ざすものであったのに対し，⑧のみ鑑賞者を想定した総合的な評価軸。

小﨑（2018）を参考に一部改変して作成。

一つひとつの評価軸について，一部抜粋しまとめたものをお示しします（表7-1）。

　かなり哲学的・抽象的な記載が多く，驚かれた方も少なくないと

思いますが，別にこの評価軸で鑑賞しないとアートが理解できないなどという話をするつもりはまったくありません。逆に，現代アートを見ていくなかで，これらすべての要素を兼ね備えたものでないと現代アートとして認められないという意味でもないですし，わかっていただきたいのは，別にこの評価法であっても，点数をつけるのはあくまで主観的なあなた（誰か）なのだということなのです。アートというものは，それを作り出したアーティストがその見方，理解のされ方を規定しない（規定しえない）ことが大きな特徴です。

アーティストは，この作品はこのようなことを伝え，このような内容を社会に投げかけ，いつ頃にどのような効果が出ることを希望しているなどと口にすることは絶対にありません。なぜなら，そんなことをした時点でアートがアートでなくなってしまうことを知っているからです。そもそもアートには絶対的な使用目的や存在意義，そしてもちろん測定可能な効用も存在しません。逆にいうと，いまここに自分や作品が存在する絶対的な意義があるという強い信念／必然性の意識こそが理由であり目的である，さらにいうとそこに客観的に測定可能な評価やその評価が共有されることを必要としない自律的な存在なのです。

しかしそれと同時に，優れた現代アートは先ほどご紹介した評価軸の複数の軸において高く評価される内容を含み，かつ，それが多くの鑑賞者側に伝わり実際に評価されるものであるという点が重要であると我々は考えています。

余白を残して作品を世に出す勇気

ここで少し話がずれますが，村上春樹の作品について考えてみたいと思います。初期から一連の村上作品の英訳を手がけてきたアルフレッド・バーンバウムは，なぜ世界の読者に村上作品がここまで受け容れられているのかについて，村上作品が兼ね備える「抽象的な感じ」や特定の「文化に頼らない」などの要素がより多種多様な人々に好まれる，評価を受ける要因なのではないかと指摘しています。

村上春樹作品を読んだことのある読者であればおわかりになると思いますが，村上春樹作品自体はけっして抽象的な文章から構成さ

れているわけではなく，逆に過剰なほどに具体的な描写（描き込み）が多い「映像的」な表現であるとされています。それがなぜ全体として抽象的な印象を生むのかについて考えてみると，たとえば日本人（特定の文化圏）にしか理解できない／イメージを喚起しにくいような「畳」や「蕎麦」などでなく，「椅子とテーブル」や「スパゲティ」「ピスタチオ」といった，より普遍的にイメージしやすい物事の描写が多く，さらに世界的に共通する自我をめぐる心理的葛藤や，大人になっても誰しもが抱える自己と他者との境界の不明瞭さ，自己と世界との関係性の不安定さに関する問題をテーマに据える，そして具体的に登場人物をイメージしやすくなるような世界共通語で描かれたヒント（補助線）が多いなど，先ほどご紹介した小崎氏の「現代アート評価法」に沿って考えても非常に評価の高くなる作品であることがわかります。

　アーティスト（小説家）は作品が一度手元を離れれば，あとから作品に対してなんらかの注釈を加え，鑑賞者による理解をコントロールすることは通常不可能となります。そこで問われるのは，鑑賞者それぞれが各々の文化的背景，個人的背景，さまざまなリテラシーレベル，そしてさまざまな体調や気分のなかで作品を鑑賞することを想定し，解釈を多層的に行える可能性／余白を作品に残す力なのではないかと考えられます。そして，そういったパワーを持ったアート作品に対峙することで，私たちはその内容や存在のあり方を通し，さまざまなアイデアを得ることができるのではないかと考えられるのです。

アーティストによる社会への投げかけ

　現代を代表する世界的なアート批評家であるボリス・グロイス（2017）は「芸術は私たちの社会のなかに孤立して存在しているのではなく，それをめぐるさまざまな制度や政治的・社会的状況とともにある」と述べ，さらにアーティストは「作品の内部からではなく，その外部との関係性によって『アートとは何か』という問いに答えようと試みる」のだと述べています。アート，アーティスト自体がその内側から，社会にむかって何かを投げかけているのが現代アートの特徴であるとするならば，それを享受すべき存在である（外部

にいる）私たちが，そこに含まれるきわめて優れた慧眼を持つアイデアを受容することは非常に合理的であると考えられますし，それらの現代アートのなかにこそ，生きていくうえでのアイデアの宝庫，さらにいうとビジネスパーソンとして生きていくうえでのアイデアの宝庫が潜んでいると考えることができるのです。

4　具体的にはどのようなアートがあるのか

　それでは実際に，いまどのような現代アートをイメージしたらよいのか，話を具体的にしていくために，我々が「アート・イン・ビジネス」のフレームで扱うアートについて例を挙げてみることにします。ただし，本書はアートに関する書籍ではなく，あくまでビジネスのなかにアートを内在化させることの重要性を説くものであるので，アート自体の詳しい内容についてはここでは割愛し，簡単に触れていくこととします。また，ここでお示しする解釈はあくまで我々（美術回路）による主観的な解釈であり，必ずしもこのように受け取らなくてはならない，というものでないことも最初にお断りしておきます。そもそもアートの見方には，限定がなく，オープンエンドであることが本質であると我々は考えています。

世界一のアートの祭典──ヴェネツィア・ビエンナーレ

　というわけで，前置きが長くなりましたが，ここでは，イタリアで開催される世界最大の芸術祭であるヴェネツィア・ビエンナーレにおいて，2013年に日本代表として展示を行い，特別表彰を受けた日本人アーティスト田中功起（1975年-）の作品をご紹介します。展示の表題は「abstract speaking – sharing uncertainly and collective acts（抽象的に話すこと – 不確かなものの共有とコレクティブ・アクト）」であり，その2年前に日本を襲った東日本大震災と震災後の日本社会にもたらされたある種の変化をテーマにした作品です。ヴェネツィア・ビエンナーレの展示は，各国がパビリオンとなる建物を所有しており，そこで各国の代表として選出されたひとりのアーティスト（とひとりのキュレーター）による展示を展開するのですが，2013年に

出品された田中の作品はその会場内に展開される写真と映像からな
る9つのプロジェクトから成るものでした。余談となりますが，最
近の現代アート作品には写真や映像，テクノロジー技術などを用い
たものが多く見られ，しかもかなり新しい技術を背景とした表現も
多く，そういった意味でも同時代感が強く表れています。

　ここでは，その9つのプロジェクトのうちのひとつ「A poem
written by 5 poets at once（first attempt），2013」という作品をご紹介し
ましょう。5人の日本人（詩人）がひとつの円卓を囲み，「ひとつの
出来事を誰かと共有することについて」をテーマに作品をつくると
いう試みを淡々と記録する1時間くらいの映像から成る作品です。

　そこには与えられたプロットは皆無で，当然通常のテレビドラマ
や映画に見られるような起承転結のあるストーリー展開もなく，
淡々と時間が流れ，しかし懸命に詩人たちが何かを「造形」しよう
とする様子のみが記録されています。しかしその映像を通し，本来
きわめて個人的な出来事であるはずの「詩をつくる」という行為を

「ひとつの詩を五人の詩人が書く（最初の試み）」（2013）
田中功起

形式：協働作業，記録映像（68分30秒），詩人のメモ。参加者（詩人）：柏木麻里，斉藤倫，管啓次郎，
橘上，三角みづ紀。場所：国際交流基金（東京）。コミッション：国際交流基金。キュレーター：蔵屋
美香。機材協力：ARTISTS' GUILD。photo courtesy of the artist, Vitamin Creative Space, Guangzhou
and Aoyama Meguro, Tokyo

小さなコミュニティ（5人）で行うことへの違和感が，観る側に徐々に湧き上がります。詩をつくるという作業を進めようと5人が話し合ううちに，なんとなく発言における役割分担のようなものが生まれ，それが共有されるようになり，徐々に特定のひとりの発言権が大きくなっていく，というようなシーンが重なることで，最終的には鑑賞者同士（小さな社会）においてもその違和感のような感覚が共有される，そのような作品です。2013年のヴェネツィア・ビエンナーレの会場での実際の鑑賞を想像すると，きっと世界各国から集まった多くの人々にその感覚が共有されたのではないかと想像に難くありません。田中も，作品によせたステートメント[3]のなかで「ひとつの行為を複数の参加者によって行うことで，協働作業の難しさ，美しさを捉えてみたい」という制作動機を語っています。

そもそもの前提を疑う

　もちろん，私たちの多くは詩人ではないので，この映像に映しだされるようなシチュエーションを，そっくりそのまま体験する可能性はきわめて低い，というかほぼゼロに近いと思います。しかし，私たちの日々の生活，そして仕事の場においても，ひとつの作業／プロジェクトにさまざまなステークホルダーが関与し，各人がそれぞれの思いやポリシーを持ちつつ，最終的にひとつの何かを作り上げるという作業はそんなに珍しいことではなく，いってみればビジネスは，まさにそのような作業の積み重ねによって成り立っているとすら考えられます。もちろん，そういったシチュエーションから生まれてくる言葉にはならないような違和感を表すこと，はたまたそもそも協働作業自体の必要性を問う行為，前提を疑う行為は，ビジネスの場で常に必要とされるわけではありません。しかし，そのような思考的オプションの可能性を提示するアート作品の力が，時としてビジネスに役に立つのではないか，そんなふうに我々は考えています。田中の捉える世界への違和感とその表象としてのアート作品は，私たちが日々ビジネスのなかで直面する世界に対する私た

★3　同シリーズの「ひとりの髪を九人の美容師が切る（二度目の試み）」（2010）という映像作品によせたステートメント。

ち自身の向き合い方，受け止め方へのなんらかのコミットメントを含むと考えることができるのではないでしょうか。

個々人が思考することの重要性

　さらに田中は，あくまでもアーティストという立場において，私たちの暮らす現代社会が，きわめて多様なバックグラウンドを持つ個人の集合体であるという認識と，そこでの人々の関わり／交わりを避けては社会が成立しないというまぎれもない真実がそこにあるのだという見地からの作品制作を通して，鑑賞者を含む社会に対して「思考する」ことを促します。そこで田中は鑑賞者が何を考えるべきなのかという具体的な指示は出さない一方で，作品によせたステートメントにおいて「必ずしも協働作業というものが良い結果を生むものではない」とも語っており，現代社会に対するそのような見解を，アーティストとして社会に対して投げかける行為の本質が国際的にも評価されたのではないかと考えられます。

　私たちが日々活動するビジネスの世界でも，規模の大小こそあれ同じような構造とそれに伴う違和感があるのではないでしょうか。そこに対して，もちろんアーティストでない私たちがアート作品をつくって応える必要性はないのですが，思考すること，そしてそこから新たな発想を得ること，新しい世界の見方をしてみること，そしてその思考を表現することで周りを巻き込み，何かを協創／共創していくことが求められる場面において，こうしたアーティストの取り組みや，アート作品から得られるインスピレーションが大きな役割をはたすのではないかと我々は考えています。

　もちろん，ここで取り上げたのはアートのほんの一端です。しかし，アートにはこれまでになかった世界の見方を我々に与えてくれるパワーがあり，そこにはいままでの世界の見方では考えつきもしない新しいアイデアの源泉ともいえる何かが含まれているのではないでしょうか。見る力を鍛えることで見えてくる現代アートは，まさにアイデアの宝庫なのです。

参考文献

ベッカー，ハワード・S（2016）『アート・ワールド』後藤将之訳，慶

應義塾大学出版会。

ダントー，アーサー・C.（2018）『アートとは何か──芸術の存在論と目的論』佐藤一進訳，人文書院。

グロイス，ボリス（2017）『アート・パワー』石田圭子ほか本松倫代・角尾宣信訳，現代企画室。

小崎哲哉（2018）『現代アートとは何か』河出書房。

中野満美子（2006）Buzz Feed「村上春樹はいかにして『世界のムラカミ』になったのか──初期翻訳者は語る」（https://www.buzzfeed.com/jp/mamikonakano/sekai-no-murakami）。

田中功起（2014）『必然的にばらばらなものが生まれてくる』武蔵野美術大学出版局。

田中功起作品資料（http://kktnk.com/alter/nihon_go_files/jp13works.pdf）。

ヴォネガット，カート（2008）『ヴォネガット，大いに語る』飛田茂雄訳，ハヤカワ文庫 SF。

「抽象的に話すこと──不確かなものの共有とコレクティブ・アクト」第 55 回ヴェネチア・ビエンナーレ国際美術展日本館（https://2013.veneziabiennale-japanpavilion.jp/projects/project_03.html）。

『ニューズウィーク 日本版』オフィシャルサイト「現代アートのプレイヤーたち」2015/10/7-2017/7/13。

Column 01 アーティストの社会実装がもたらす, 新たな作品性

田尾圭一郎

『美術手帖』ビジネス・ソリューションプロデューサー

本書でビジネス（企業）からの視点で取り上げられている「アート・イン・ビジネス」を，アーティストの側から逆照射することで，作品としてどのような特徴を見出すことができるだろうか。

本書で紹介されている事例は，単純に「クライアントワークである」「発表の場が企業や団体である」といった作品に外在する要素のみを示しているわけではなく，アートの表現方法や表現対象といった内在的な要素によって，「アート・イン・ビジネス」の特徴を提示するものであり，その意味で，セゾングループやワコールが1980年代に展開した企業メセナとしてのアート支援とは異なるものになっている*。アーティストはビジネスを媒介に作品を制作し，企業はビジネスのためにアートを起用するのである。私の所属する美術専門メディア『美術手帖』でも，こうして相互に関与しあうアートプロジェクトの事例を紹介しながら，事業として企業や団体と複数協働しており，その取り組みはますます増えている。これらを踏まえ，「アート・イン・ビジネス」がアーティスト側から見てどういった特徴を有しているのか，考察してみたい。

①動機の循環性

ビジネスとの関わりが目的となる以上，必ずしも作品発表の舞台は，一般に考えられている美術館やギャラリーといった作品展示の場所（ホワイトキューブとも呼ばれる）になるとはかぎらない。企業の本社

ビル，会議室の壁面，あるいは社員を巻き込んだワークショップなど，さまざまな作品の発表場所や形式が想定される。また，制作のきっかけやコンセプトについても，作家の自発的なものではなく，企業側から与えられることが多い。アーティストはこれらの外的動機を楽しみ，活かし，内に消化することで，自らの表現性に新たな一面を取り込み，作品の可能性を押し広げる。肯定的に受け取られたノイズは，コンテクストをより強固で複層的なものにする。外的動機が内的動機として咀嚼され，ふたたび企業へ還元されるという「循環」は，アーティストと企業のあいだに建設的な緊張関係を構築するだろう。

②過程性

　展示物としての最終的な作品のみが，求められているとはかぎらない。企業は，社会や対象事業に対するアーティストの生きた反応や思考変容を観察し，同時代性を背景に彼らと議論することで，ビジネスのヒントを得る。研磨された完成品でなく，むしろ作家の試行錯誤や取捨選択からこそ，自分たちの日頃の実践とのちがいを如実に感じ，刺激を得ることができるのだ。企業の人々にとってその経験は「鑑賞」という受動的な行為から主体的な「共在」へと姿勢を変えることを促し，アートとの向き合い方は物語性を帯び，より豊かなものになるだろう。

　いっぽうで，それはアーティストにとっては過酷なことかもしれない。技術に支えられた作品の完成度だけでなく，過程における着眼点，仮説構築，議論を要求されうることになる。物理的な制作にかぎらず，ときに人間性を含めたホリスティックな「制作」が要求されるのだ。

③寛容性

　現代アートが難解とされる理由のひとつに，解釈の多様性が挙げられる。作品は目の前の物質だけが対象なのではなく，そこから鑑賞者が感じることや考えること（あるいはそういった行為自体）に意味があるとされる（正解や答えはなく，制作した作家のことばでさえ解釈のひとつにすぎない）。

　アーティストにとっては，具体的に設定された「ビジネスに活か

す」というゴールに到達するために，具象と抽象を自由に行き来する寛容性が作品に求められることになる。ビジネスパーソンからしても，コンテクストがシンプルで単線的な作品よりも，解釈の自由度の高い寛容な作品のほうが，作品の全体像や素材，展示場所といったさまざまな要素から，事業の成長や組織づくりのヒントやアイディアを得やすいだろう。

　以上のとおり，「アート・イン・ビジネス」をアーティスト側から見ると，最終的な完成作品だけでなく，動機の循環性（①）や，プロセスにおいても作家性が要求される過程性（②），そして解釈の自由度を高める寛容性（③）のかけあわせによる，多次元的な表現が求められることになる。だがそれは作家にとって，表現の難解化や硬直化を意味するものではない。アーティストとビジネスパーソン双方が互いの声に耳を傾け，主体的な役割さえも有機的に混じり合いながら変容するような，柔軟な制作行為が要請されているのである。ビジネスを媒介とすることによるこういった特徴の作品を「ビジネス・アート」と，あらたに定義することも，アート史において可能かもしれない。そのときに重要になるのは，制作プロセスの言語化（アーカイブ化）であろう。作品の解釈可能性を展望し，異なる思考環境に住むアーティストとビジネスパーソンをつなぐ翻訳力が，「アート・イン・ビジネス」／「ビジネス・アート」の成熟には不可欠なのではないだろうか。

　ところで，日本においてこの種の議論を進めるにあたっては，1970年に開催された日本万国博覧会（大阪万博）は避けて通れない。企業館を中心に結実した「アート・イン・ビジネス」が，その後の技術力と現代アート（ことにメディア・アート）の発展に大きく寄与していた。ふたたび日本の現代アートが発展するためには2025年大阪万博が絶好の機であると言え，そのためにも議論の成熟と事例の蓄積が急務と言えるだろう。

　日本では，アートマーケットの成長が課題視されて久しい。しかしそれを拡大させるための推進策には偏りがあり，マーケット（買い手）の嗜好に合わせた表現活動の萎縮が起こっている現状がある。

「アート・イン・ビジネス」による「アーティストの社会実装」には，アーティストが実際的に経済活動を行い，作品の多様性を維持するための，もうひとつの選択肢になることが期待されている。

　　＊　CSRからCSVへと移行する企業が増えている近年の状況も，「アート・イン・ビジネス」の必要性を後押ししている。企業メセナを展開した先人の事例は，その意味においても「アート・イン・ビジネス」前史にあたるものとして参照できる。

＊＊　メディア・アートやインスタレーション作品が，オリジナリティや保存修復，展示の汎用性といったさまざまな課題を理由に，売買に不向きであることが指摘されている。また，絵画や写真などの旧来のカテゴリにおいても，マス・マーケットで売買されるためにコンテクストの欧米化やサイズダウンが行われることが少なくない。

アート・イン・ビジネスに効果はあるのか

キーワード

定量調査　　合成評価指標

アート・イン・ビジネス実施企業と一般企業の比較

アートの効果とアートパワー

アート・イン・ビジネスと働きやすさ

本書ではこれまで，さまざまな企業でアートに触れて深く理解し，あるいはアーティストとの交流によってアートの考え方やアートの持つ力を「内在化」し，ビジネスにおける取り組みに効果をあげている事例を紹介し考察を加えてきました。また，第1章では，アート・イン・ビジネスのしくみとなるフレームワークを，アーティストが作品創作するさいの源泉となる4つの「アートパワー（①問題提起力，②想像力，③実践力，④共創力）」とビジネスにおける4つの「アートの効果（Ⅰブランディング，Ⅱイノベーション，Ⅲ組織活性化，Ⅳヴィジョン構想）」に整理して紹介しました。

本章では，このしくみについて，定量調査による実証的なデータを用いて検証していきます。具体的には，アート・イン・ビジネス実施企業と一般企業の従業員それぞれに対してウェブアンケート調査を実施し，測定された4つのアートパワーと4つのアートの効果を比較しました。そして，企業がアート・イン・ビジネスを実施することで，その従業員たちがどのようにアートパワーを内在化し，またそれらがどの程度アートの効果につながっているのかを検証しました。

　アート効果の検証結果として，我々が予想していた以上にアート・イン・ビジネスを実施することによる効果が大きいことがわかりました。たとえば，アート・イン・ビジネス実施企業の従業員のほうが，美的なものに魅了されたり，表現したいと感じたりする気持ちなどの「審美的志向性」に関して，アートへの親和度が非常に高いことが確認できました。また，アートパワーとアートの効果の比較分析によって，アート・イン・ビジネス実施企業では，個々の従業員におけるアートの内在化が進んでいて，企業のビジネスにおいてもイノベーションの促進や組織活性化に成果をあげていることがわかりました。

　本章では，定量調査でどのようなデータを収集し，アートパワーやアートの効果を測定する指標をどうやって作成し，アート・イン・ビジネス実施企業と一般企業の調査結果をどのように比較して結果を考察していったかを，順番に説明していきます。また，アート・イン・ビジネスと職場の働きやすさを高める効果についても，データ分析をもとに結果を紹介します。

1　定量調査の概要

調査の目的

　アート・イン・ビジネスを実施している企業の従業員が，4つのアートパワーをどの程度身につけているか，また，それらの企業でどれだけビジネスにおける4つのアートの効果をあげているかを検証するため，アート・イン・ビジネス実施企業の従業員に対して定量的なウェブアンケート調査を実施しました。

調査の対象者

　アート・イン・ビジネス実施企業として，第2章から第5章で取り上げたインタビュー対象企業のうち，寺田倉庫株式会社とマネックスグループ株式会社，アクセンチュア株式会社，株式会社スマイルズの4社にご協力いただき，2019年3月末からの1カ月間に従業員のみなさまから合わせて255名の回答を得ました。同時に，一

表 8-1 調査対象者

	アート・イン・ビジネス実施企業	一般企業
対象者	4 社の従業員（寺田倉庫，マネックスグループ，アクセンチュア，スマイルズ）	マクロミル社保有調査パネル（18 歳以上のパート・アルバイトを除く正規社員）
サンプル数	255 名	300 名
調査実施期間	2019 年 3 月 29 日（金）〜 4 月 28 日（日）	2019 年 4 月 5 日（金）〜 4 月 10 日（水）

般企業の従業員との比較を行うために，市場調査会社マクロミルが保有する調査パネルから，18 歳以上のパート・アルバイトを除く正規社員に対して同じ調査を実施し，300 名分の回答を収集しました（表 8-1）。

調査項目の作成

第 1 章で提示したアートパワーとアートの効果を測定するため，これらに対応する調査項目を独自に作成する必要があります。そこで最初に，既存のアートの効果に関する研究論文（Cheng et al. 2018, Berthoin Antal 2014 など）をレビューし，それらの論文で取り上げられている評価指標を整理し，表 8-2 のようにアートパワーとアートの効果のそれぞれの項目とを対応させました。次に，それらの既存研究の評価指標をアンケート調査で測定するために，具体的な調査項目を作成しました。今回は，『心理測定尺度集』（堀 2001）などに掲載されている心理学の研究領域で一般的に利用されている測定尺度のなかから，既存研究の評価指標に対応する調査項目を採用しています。

アートパワーとアートの効果の合成評価指標化

次節以降の分析で用いるため，上述のように作成した複数の調査項目（測定尺度）を使って計測したアートパワーとアートの効果の

★1 アクセンチュア株式会社については，一部設問を除外しているため，以下の表 8-3，8-4，8-5，8-6，8-7，8-8 と図 8-1 にのみ結果数値が反映されています。

表 8-2　アートパワーの既存研究評価指標と対応する調査項目（測定尺度）の例

アートパワー	既存研究の評価指標	調査項目（測定尺度）
①問題提起力	自己の追求	ユニークネス尺度
	多様性	コスモポリタン尺度
	本質理解	俯瞰力尺度
②想像力	クリエイティビティ	クリエイティビティ尺度
	自己表現	表現力尺度
③実践力	自尊心・自信	社会的自己制御尺度
	行　動	BIS/BAS 行動尺度
④共創力	コミュニケーション	コミュニケーション・スキル尺度
	対立・協調	関係調整尺度
	共　感	他者受容尺度

各指標を合成しスコア化しました。各合成評価指標のスコアは，5点尺度（5点＝とても当てはまる，4点＝まあ当てはまる，3点＝どちらでもない，2点＝あまり当てはまらない，1点＝全く当てはまらない）となるように基準化しています。全体での各合成評価指標の平均スコアは，下記の**表8-3**のとおりとなりました。ほとんどの合成評価指標の

表 8-3　合成評価指標アートパワーとアートの効果の平均スコアと内的整合性（クロンバックの α 係数）

		設問数	平均値 （5 点尺度）	クロンバック の α 係数
①問題提起力	自己の探求	2	3.9	0.611
	批判的洞察	6	3.6	0.823
②想像力	概念化	10	3.3	0.846
	具現化	3	2.9	0.813
③実践力	自律思考	7	3.6	0.477
	制約条件の突破	5	3.6	0.774
④共創力	相互作用	5	3.4	0.836
Ⅰブランディング	イメージ構築	9	3.1	0.925
Ⅱイノベーション	インスピレーション	3	3.1	0.775
	プロトタイピング	2	3.0	0.717
Ⅲ組織活性化	感性	1	3.0	
	自律性	11	2.9	0.883
Ⅳヴィジョン構想	ストーリー化	7	3.1	0.933
	共生	1	3.3	

平均スコアが中間の3点あたりになっていますが，アートパワーの「①問題提起力」と「③実践力」は平均スコアが3.6を超え，他の合成評価指標よりも大きくなっていました。

また，計測した合成評価指標の信頼度を確認するため，合成評価指標の元になる各調査設問の内的整合性（同じ指標を測定しているかどうか）を表すクロンバックのα係数を計算しました。クロンバックのα係数が0.8以上となることが信頼性の目安とされていますが，表8-3のとおり，内的整合性の信頼性はほぼ問題ないことが確認できました。ただし，アートパワー「③実践力」の「自律思考」のみクロンバックのα係数が0.5未満となり信頼性が低いため，以降の分析では結果の解釈に注意が必要になります。

2　アート・イン・ビジネス実施企業 vs. 一般企業

本節では，アート・イン・ビジネスを実施することによる効果を検証するため，アート・イン・ビジネス実施企業の従業員と一般企業の従業員に対して実施したアンケート調査の結果を比較検討していきます。

属性の比較

まず，今回の調査で回答を得られたアート・イン・ビジネス実施企業の従業員と一般企業の従業員の特徴を俯瞰するため，従業員属性を比較し表8-4のような結果が得られました。性別と年齢では，アート・イン・ビジネス実施企業の従業員のほうが，女性比率がやや高く，平均年齢で10歳程度若くなっています。特に，20代と30代の比率が，一般企業と比較して2〜3倍多くなっていました。また，今回対象としたアート・イン・ビジネス実施企業は主に東京に拠点があるため，従業員のほとんどが関東エリアに在住しています。一方で，一般企業の従業員は，関東・中部・近畿に分散して居住していました。

次に，職種や仕事内容に関する比較では，アート・イン・ビジネス実施企業の従業員の半数が専門職・自由業に従事し，また，2割

表 8-4　従業員（回答者）属性

		アート・イン・ビジネス実施企業 (n=255)		一般企業 (n=300)	
		N	%	N	%
性　別	男　性	146	57.3	189	63.0
	女　性	109	42.7	111	37.0
年　代	10 代	1	0.4	0	0.0
	20 代	**74**	**29.0**	25	8.5
	30 代	**114**	**44.7**	80	27.1
	40 代	48	18.8	**94**	**31.9**
	50 代	15	5.9	71	24.1
	60 代	3	1.2	25	8.5
	平均	255	35.1	295	44.5
居住エリア	北海道	0	0.0	10	3.3
	東北地方	0	0.0	15	5.0
	関東地方	**250**	**98.0**	113	37.7
	中部地方	1	0.4	53	17.7
	近畿地方	4	1.6	60	20.0
	中国地方	0	0.0	15	5.0
	四国地方	0	0.0	10	3.3
	九州地方	0	0.0	24	8.0
職　種	給料事務・研究職	49	19.2	**112**	**37.3**
	給料技能・作業職	6	2.4	49	16.3
	販売・サービス職	15	5.9	66	22.0
	経営・管理職	37	14.5	36	12.0
	専門職・自由業	**132**	**51.8**	18	6.0
	商工自営業	0	0.0	2	0.7
	その他	16	6.3	17	5.7
仕事内容	企画系	**73**	**28.6**	20	6.7
	営業・販売・接客系	34	13.3	**90**	**30.0**
	事務・情報処理系	**87**	**34.1**	87	29.0
	クリエイティブ，デザイン系	31	12.2	20	6.7
	アート系	2	0.8	1	0.3
	その他	28	11.0	82	27.3
勤続年数	1 年未満	58	22.7	25	8.3
	1 〜 5 年間	**118**	**46.2**	60	20.0
	6 〜 10 年間	38	15.0	64	21.3
	11 〜 15 年間	29	11.4	50	16.7
	16 年間以上	12	4.8	**101**	**33.7**
	平　均	255	5.3	300	13.4

特徴のある項目を太字で表記。

が給料事務・研究職で合わせて7割超になっています。一般企業の従業員は、給料事務・研究職が4割近くと最も多くなっていました。従業員の仕事内容は、アート・イン・ビジネス実施企業では、事務・情報処理系と企画系がそれぞれ3割程度となっているのに対して、一般企業は、営業・販売・接客系と事務・情報処理系がそれぞれ3割となっていました。また、アート・イン・ビジネス実施企業の従業員の勤続年数は、5年未満が7割近くですが、一般企業の勤続年数5年未満は3割程度にとどまり、一方で16年以上が3割を超えていました。

──────「従業員の属性比較」まとめ

●アート・イン・ビジネス実施企業の従業員は、勤続年数が5年未満の20〜30代の若手が多く、女性の割合も一般企業より多い

●また職種では、専門職・自由業の従事者が半数と多い

従業員のアート親和度の比較

次に、アート・イン・ビジネス実施企業の従業員と一般企業の従業員でアートに対する親和度を比較しました。美的なものに魅了されたり、表現したいと感じたりする気持ちなどの「審美的志向性」に関しては、表8-5にみられるとおりアート・イン・ビジネス実施企業の従業員のほうが、アートへの親和度が非常に高いことが確

表8-5 審美的志向性

	アート・イン・ビジネス実施企業 (n=255)		一般企業 (n=300)	
	N	%	N	%
印象的なことに出会うと、それを文章や絵、音楽などで表したくなる	107	41.9**	41	13.7
身の回りにある物の形や色に、強く心を引きつけられることがある	197	77.3**	91	30.3
気に入った絵や写真などを、時間が経つのも忘れて眺めていることがある	146	57.2**	66	22
芸術的なものには、あまり興味がない	22	8.7**	85	28.3

** 有意水準1%で差が有意。

表8-6　過去5年間のアート作品購入経験

	アート・イン・ビジネス実施企業（n=227）		一般企業（n=300）	
	N	%	N	%
購入した	122	47.8	29	9.7
購入していない	133	52.2	271	90.3

　認できました。また，表8-6の過去5年間のアート作品購入経験でも，アート・イン・ビジネス実施企業の従業員の半数が，なんらかのアート作品（ポスターやポストカードを含む）を所有しているのに対して，一般企業では1割程度にとどまり大きな差がみられました。

　さらに，アート・イン・ビジネス実施企業の従業員に対して，自社企業のアート関連活動（アート作品展示やアートインオフィスなど）への興味や関与について調査しました。表8-7のとおりアート・イン・ビジネス実施企業の従業員は，9割以上が自社のアート関連活動に関心を持っていました。さらに，4割近くが企業のアート関連活動に実際に関わっており，高い関与があることを確認できました。また，オフィスに展示されているアート作品に対して，アート・イン・ビジネス実施企業の従業員の6割以上が展示方法やデザインを好ましく評価しており，それらのアート作品と企業理念やビジネスとの関連度についても，5割が関連していると評価していました（表8-8）。

──────「従業員のアート親和度比較」まとめ

●アート・イン・ビジネス実施企業の従業員は，アートへの親和度

表8-7　アート・イン・ビジネス実施企業の自社アート関連活動への関与度

	アート・イン・ビジネス実施企業（n=227）	
	N	%
アート関連活動に関わっていないし，興味もない	17	7.5
アート関連活動に関わっていないが，興味はある	125	55.1
アート関連活動にやや関わっている	61	**26.9**
アート関連活動にとても関わっている	24	**10.6**

特徴のある項目を太字で表記。

表8-8　アート・イン・ビジネス実施企業のアート作品展示評価

	アート・イン・ビジネス実施企業 (n=221)	
	N	%
アート作品がオフィスに合わない，関係ない	12	5.4
アート作品が企業と関連している	118	53.4
アート作品の展示方法が好ましい	137	**61.9**
アート作品のデザインが好ましい	133	**60.1**

特徴のある項目を太字で表記。

が非常に高く，半数が自身でアート作品を購入した経験を有する

● 自社企業が実施しているアート関連活動を高く評価し，9割以上がそのアート関連活動に関心を持ち，実際に4割近くが関与する

● また，作品を購入するなど具体的なアート活動も行う

アートパワーの比較

これまでの比較で，アート・イン・ビジネス実施企業の従業員と一般企業の従業員とで属性やアートに対する親和度の違いがみられました。つまり，アート・イン・ビジネスを実施することによって，従業員にアートパワーが内在化されていくことが期待されます。そこで，前節で説明をしたように合成評価指標を作成し，それらのスコアを比較していきます。

図8-1にみられるとおり，4つのアートパワー「①問題提起力」「②想像力」「③実践力」「④共創力」すべてにおいて，アート・イン・ビジネス実施企業の従業員の平均スコアが一般企業の従業員よりも高く，統計的にも有意な差がみられました。アート・イン・ビジネス実施企業の従業員は，すべての合成評価指標の平均スコアが，5段階評価での中間値3を上回っており，特に，①問題提起力の「自己の探求」と「批判的洞察」は，5段階評価で4を超える高いスコアとなっています。また，③実践力の「自律思考」と「制約条件の突破」も高いスコアでした。一方で，②想像力の「具現化」は，わずかに平均スコアが3を上回る程度となっていました。

──────「アートパワーの比較」まとめ

● アート・イン・ビジネス実施企業の従業員は，4つのアートパ

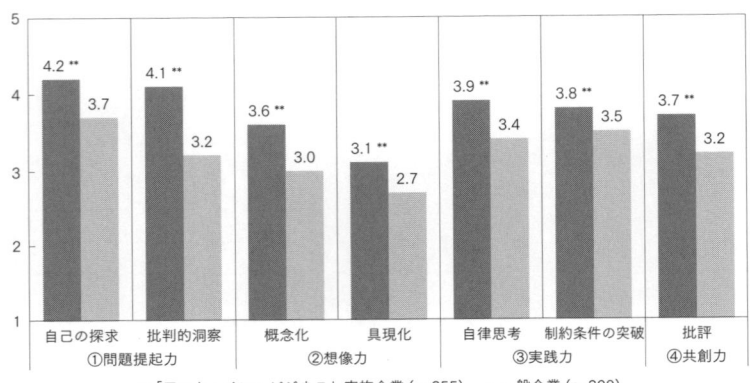

図 8-1　アートパワー合成評価指標スコア平均（5 段階評価に基準化）
** 有意水準 1% で差が有意。

　ワーすべてで平均スコアが一般企業従業員よりも高い
●特に，アートパワーのうち①問題提起力と③実践力が高い
●一方，②想像力の「具現化」（「概念化」したアイデアなどをより具体
　的なものに表現し発展させる能力）は中間値をわずかに上回るのみ

アートの効果の比較

　次に，アートによって内在化されたアートパワーが，企業のビジ
ネスにおいて成果に結びついているかを，アート・イン・ビジネス
実施企業と一般企業の 4 つの合成評価指標「Ⅰブランディング」
「Ⅱイノベーション」「Ⅲ組織活性化」「Ⅳヴィジョン構想」を比較
してみていきます。

　図 8-2 にみられるとおり，4 つのアートの効果すべてにおいて，
アート・イン・ビジネス実施企業の平均スコアが一般企業よりも高
く，統計的に有意な差がみられました。アート・イン・ビジネス実
施企業は，すべての合成評価指標の平均スコアが，5 段階評価での
中間値 3 を上回っているのに対して，一般企業の平均スコアは，中
間値 3 をほとんど下回っていました。特に，アート・イン・ビジネ
ス実施企業のほうが，Ⅱイノベーションの「プロトタイピング」や
Ⅲ組織活性化の「感性」，Ⅳヴィジョン構想の「ストーリー化」で，
一般企業のスコアを 1 ポイント以上上回っていました。

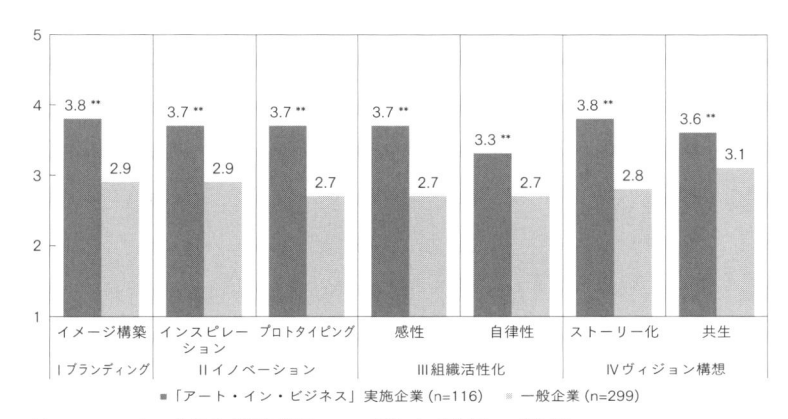

図 8-2 アートの効果合成評価指標スコア平均（5段階評価に基準化）
** 有意水準 1% で差が有意。
アクセンチュア株式会社は一部設問を除外しているため，結果数値に含んでいない。

———「アートの効果の比較」まとめ

● アート・イン・ビジネス実施企業の従業員は，4つのアートの効果のすべてで，平均スコアが一般企業を上回った

● 特に，II イノベーション「プロトタイピング」やIII 組織活性化「感性」，IV ヴィジョン構想「ストーリー化」が，一般企業より高い

● 一方，III 組織活性化「自律性」は，アート・イン・ビジネス実施企業と一般企業ともに低い

3　アートの効果とアートパワー

　前節までの結果から，アート・イン・ビジネス実施企業の従業員は，一般企業の従業員との比較によって，アートによって従業員に内在化される4つのアートパワー（①問題提起力，②想像力，③実践力，④共創力）すべてにおいて高いスコアとなっており，また同時に，企業のビジネスにもたらされる4つのアートの効果の合成評価指標（I ブランディング，II イノベーション，III 組織活性化，IV ヴィジョン構想）においても，すべての合成評価指標で上回っていることがわかりました。

141

　この節では，アート・イン・ビジネス実施企業の従業員に対象を絞って，個々の従業員がアートを内在化することによって身につけた4つのアートパワーのそれぞれが，どのように企業のビジネス成果として4つのアートの効果に結びついているかを分析していきます。

アートの効果とアートパワーの相関分析

　まず，アート・イン・ビジネス実施企業の従業員について，合成評価指標のアートパワーとアートの効果との間のスコアの相関係数を検討します。一般的な相関分析の目安にしたがって，相関係数0.5以上で相関がある，また，相関係数0.3以上で弱い相関があると判定することとします。

　表8-9の相関分析の結果では，アートの効果のうちⅠブランディングとアートパワーの④共創力のみが，相関係数0.5以上で相関があると判定できます。一方，相関係数0.3以上の弱い相関については，次のような傾向がみられました。アートの効果のⅠブランディングは，4つのアートパワー（①問題提起力，②想像力，③実践力，④共創力）すべてと弱い相関がみられました。アートの効果のⅡイノベーションは，「インスピレーション」がアートパワーの①問題提起力と④共創力との間で弱く相関していました。アートの効果のⅢ組織活性化は，「感性」と「自律性」がともにアートパワーの②想

表8-9　アートパワーとアートの効果の相関分析

アートパワー ＼ アートの効果		Ⅰブランディング	Ⅱイノベーション		Ⅲ組織活性化		Ⅳヴィジョン構想	
		イメージ構築	インスピレーション	プロトタイピング	感性	自律性	ストーリー化	共生
①問題提起力	自己の探求	0.332**	0.305**	0.208	0.017	0.032	0.213	0.193
	批判的洞察	0.264*	0.175	0.170	0.175	0.065	0.227	0.023
②想像力	概念化	0.381**	0.180	0.240*	0.395**	0.264*	0.163	0.073
	具現化	0.232*	0.259*	0.156	0.148	0.330**	0.308**	0.216
③実践力	自律思考	0.325**	0.286*	0.249*	0.305**	0.363**	0.368**	0.195
	制約条件の突破	0.255*	0.290*	0.188	0.169	0.195	0.199	0.179
④共創力	相互作用	0.518**	0.444**	0.290*	0.224	0.367**	0.347**	0.255*

** 有意水準1%（* 有意水準5%）で相関が有意。
アクセンチュア株式会社は一部設問を除外しているため，結果数値に含んでいない。

像力と③実践力とに弱い相関がありました。また，Ⅲ組織活性化の
「自律性」は，アートパワーのうち②想像力，③実践力，④共創力
との間で弱い相関がみられました。最後に，アートの効果のⅣヴィ
ジョン構想の「ストーリー化」は，アートパワーの②想像力や③実
践力，④共創力と弱く相関していました。

アートの効果とアートパワーのコレスポンデンス分析

　上述の相関分析では，合成評価指標としてのアートパワーとアー
トの効果の関係を検証してきました。ここでは，より詳細な検討を
行うため，4つのアートの効果と4つのアートパワーを測定する個
別の調査設問の関係をみていきます。図8-3は，アート・イン・
ビジネス実施企業の従業員について，アートパワーとアートの効果
を測定する調査設問それぞれとの間の関係を，コレスポンデンス分
析を用いて付置（マッピング）した結果となっています。2軸の図上
で，4つのアートパワーと4つのアートの効果のポジションが近け
れば，それぞれの関係が深いことを示します。

　アートの効果のうちⅠブランディングを測定する調査設問を含む
グループは図の中央から右側水平方向に向かって付置し，4つの

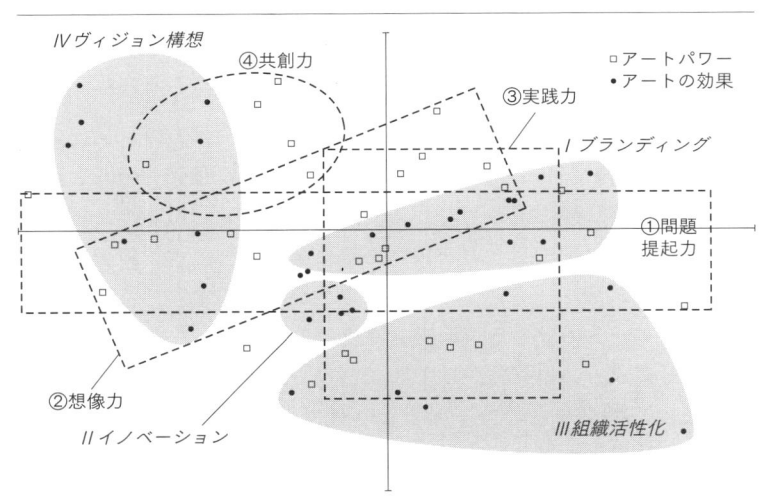

図8-3　アートパワーとアートの効果のコレスポンデンス分析
アクセンチュア株式会社は一部設問を除外しているため，結果数値に含んでいない。

アートパワーのうち，①問題提起力や②想像力，③実践力を測定する調査設問の3つのグループと関係があることがわかります。また，アートの効果のⅡイノベーションを測定する調査設問も中央左下に集中して付置していて，前述のアートの効果のⅠブランディングと同じ3つのアートパワー（①問題提起力，②想像力，③実践力）を測定する調査設問と関係が深くなっています。一方で，アートの効果のⅢ組織活性化を測定する調査設問は図の右下側に広く付置しており，主にアートパワーの③実践力を測定する調査設問と最も関係が近いことがわかります。最後に，アートの効果のⅣヴィジョン構想を測定する調査設問は図の左側に分散していて，アートパワーのうち④共創力を測定する調査設問との付置が最も近く，またアートパワーの①問題提起力と②想像力を測定する調査設問とも関係があることがわかりました。

アートの効果とアートパワーの関係

　本節で行った相関分析とコレスポンデンス分析の結果から，表8-10のとおり，アート・イン・ビジネス実施企業の従業員を対象としたアートパワーとアートの効果との関係をまとめました。

　従業員に内在化された4つのアートパワー（①問題提起力，②想像力，③実践力，④共創力）のすべてが，アートの効果のうちⅠブランディングのイメージ構築に役立っていることがわかります。アートの効果のⅡイノベーションも，4つのアートパワーすべてと関連がみられましたが，特に，アートパワーのうち①問題提起力の「自己の探求」による効果が高い傾向がみられます。多様な意見や周囲との関係や環境を客観的に俯瞰したうえで，自分は何をしたいのかといったことを自分自身に問う力を養うことによって，アイデア創出のさいに「インスピレーション」を得ることができると考えられます。

　次に，アートの効果のⅢ組織活性化は，アートパワーのうち②想像力と③実践力との関係がみられました。組織の活性化にとって，顕在化していないものをみえるようにする②想像力のうち「概念化」と「具現化」が，周囲の関係者との関わりのなかで，微細な心情や環境変化に敏感に気づける能力として必要になると思われます。また，個々の従業員が③実践力の「自律思考」で自律的に行動する

表 8-10 アートパワーとアートの効果の関係

アートパワー＼アートの効果	Ⅰ ブランディング	Ⅱ イノベーション	Ⅲ 組織活性化	Ⅳ ヴィジョン構想
① 問題提起力	◎	◎	△	△
② 想像力	◎	△	◎	◎
③ 実践力	◎	△	◎	△
④ 共創力	○	△	△	◎

第3節でみた「相関分析」と「コレスポンデンス分析」で，ともに関係があった場合◎，弱い関係があった場合○，一方に関係があった場合△とする。
アクセンチュア株式会社は一部設問を除外しているため，結果数値に含んでいない。

　　ことが，組織をダイナミックに動かしていくと同時に，他の従業員たちへの良い刺激にもなると考えられます。
　　最後に，アートの効果のⅣヴィジョン構想は，アートパワーのうち②想像力と④共創力による影響がみられました。優れたヴィジョンを構築するには，発想のユニークさだけではなく，それを周囲にわかりやすく「具現化」（②想像力）して伝え浸透させる能力が必要になります。さらに，組織内での活発なコミュニケーションなどの「相互作用」（④共創力）を促し，他者の多様な意見や批判を取り入れながらヴィジョン自体を進化させることが重要になっていると考えられます。
　————「アートの効果とアートパワー」まとめ
●アート・イン・ビジネス実施企業の従業員では，アートの効果ⅠブランディングとⅡイノベーションが4つのアートパワーのすべてと関連していた
●特に，アートパワーの①問題提起力「自己の探求」による効果が高く，問う力を養うことでブランドのイメージ構築やアイデア創出の「インスピレーション」を得られる
●アートの効果Ⅲ組織活性化は，アートパワーの②想像力と③実践力と関係し，顕在化していないものに気づき表現する「概念化」と「具現化」や，「自律思考」で行動する能力が寄与する
●アートの効果Ⅳヴィジョン構想は，アートパワーの②想像力と④共創力と関連し，組織内で構想を「具現化」し伝える能力や，活発なコミュニケーションで「相互作用」を促すことが影響する

4　アート・イン・ビジネスと働きやすさ

　これまでの分析では，アート・イン・ビジネスを実施することで，従業員にアートパワーが内在化され，企業のビジネスにおいてアートの効果が高まることを示してきました。この節では，アート・イン・ビジネスを実施することによって，従業員が感じる職場での働きやすさにどのような影響があるかを分析します。

アート・イン・ビジネスと従業員モチベーション

　労務管理論の研究分野では，組織が労働環境や人事評価制度を改善することによって，従業員の「職務満足度」が向上し，さらに，満足度が高まることで仕事に対する「従業員のモチベーション」も高まることが知られています（竹内 2017 など）。また，従業員モチベーションは，以下の 2 つの指標で評価することができるとされています。第 1 に，従業員の転職意思が抑制されることで，従業員が職務に習熟する前にすぐに組織から出ていってしまうリスクが減少することを評価する「残留意向」指標です。第 2 に，従業員の組織や仕事に対する情緒的な関与が高まることで，仕事から感じる充実感や生きがいなどの「ジョブインボルブメント」を評価する指標です。本節では，労務管理論の既存フレームワークに従って，組織の従業員が内在化させている 4 つのアートパワーや企業のビジネスにつながる 4 つのアートの効果が，従業員の職務満足度や従業員モチベーション（残留意向とジョブインボルブメント）にどのように関連しているかをみていきます。

　図 8-4 は，アート・イン・ビジネス実施企業のデータを使って，共分散構造分析というパス解析の一種による分析を行った結果です。労務管理論の既存研究で明らかになっている結果と同じく，職務満足度から残留意向とジョブインボルブメントへの正の影響が有意であることが確認できました。さらに，職務満足度に影響を与えていたのは，アートの効果のうちⅢ組織活性化の「自律性」となっていました。つまり，従業員が自分で仕事を創出し取り組むことのでき

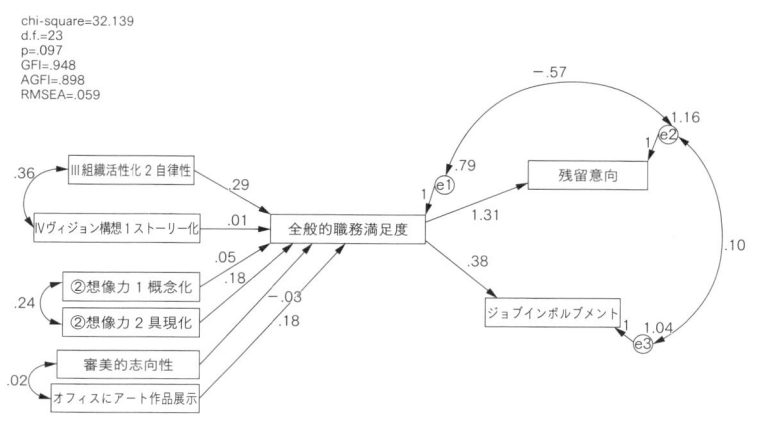

図 8-4　**アート・イン・ビジネスと従業員モチベーションの共分散構造分析**（標準化係数）
アクセンチュア株式会社は一部設問を除外しているため，結果数値に含んでいない。

る環境があることで，従業員の満足度を高めていると考えられます。また，アートパワーの②想像力の「具現化」も職務満足度に影響がみられました。従業員が自身のアイデアなどを周囲にわかりやすく表現できる能力が，組織内のコミュニケーションを活性化させることで，満足度を高めてくれると思われます。また，アート・イン・ビジネス実施企業でオフィスに展示されているアート作品を好意的に評価している従業員ほど，職務満足度が高いこともわかりました。

アート・イン・ビジネスと組織文化

　次に，アート・イン・ビジネスと組織文化の関係を調べるため，既存研究で組織文化の測定に用いられている OCAI（Organizational Culture Assessment Instrument: 組織文化評価手法）を用いて，アート・イン・ビジネス実施企業と一般企業の組織文化の分類を行いました。OCAI は，図 8-5 にあるように，組織文化を 4 つのタイプ「大家族型」「起業家型」「官僚組織型」「競争原理型」に分類することができます。今回の分析では，アート・イン・ビジネス実施企業と一般企業の OCAI 評価のスコアを比較しました。その結果，アート・イン・ビジネス実施企業は，主に起業家型に分類され，大家族型の特徴も有していました。一方で，一般企業は，主に官僚組織型に分類されました。

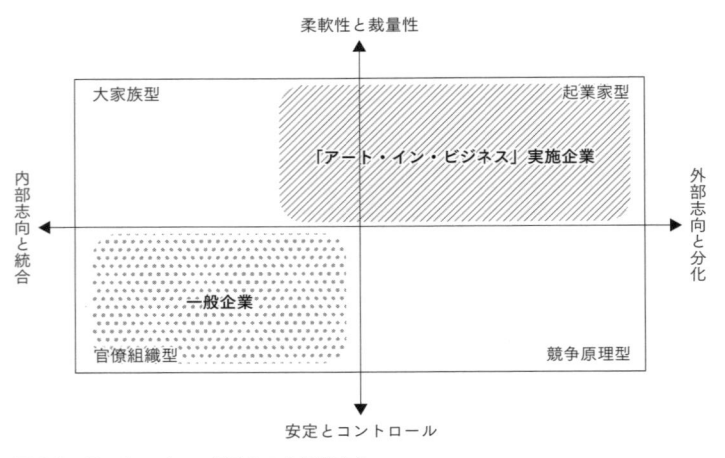

図 8-5　アート・イン・ビジネスと組織文化
澤邉・飛田（2009）より作成。
アクセンチュア株式会社は一部設問を除外しているため，結果に含んでいない。

　アート・イン・ビジネス実施企業は，マネジメントのスタイルが柔軟型で，従業員は競争的で志向性が外部に向いている傾向があります。一般企業は，マネジメント・スタイルがコントロール型で，従業員は協調的で内部志向となっています。澤邉・飛田（2009）の研究によると，柔軟型のマネジメント・スタイルの企業のほうが，コントロール型の企業よりも総資産利益率（ROA）の平均が有意に大きいことを報告しています。

　今後の日本や世界のビジネス環境は，技術進歩や人口・環境問題などで急激に大きく変化していくことが予想されます。アート・イン・ビジネス実施企業は，柔軟なマネジメント・スタイルで変化に対応し，自律的な従業員が切磋琢磨しながら新たなビジネスを開拓していけるような組織風土を持っており，このような環境変化のなかでも，成果を収める可能性が高くなることが期待できると思われます。

──────「アート・イン・ビジネスと働きやすさ」まとめ
●アートの効果のⅢ組織活性化「自律性」（従業員が自分で仕事を創出し取り組める環境）とアートパワーの②想像力「具現化」（アイデアをわかりやすく表現する能力）が，職務満足度に影響する
●アート・イン・ビジネス実施企業の従業員のうち，オフィスに展

　　示されているアート作品に好意的なほど職務満足度が高い
●アート・イン・ビジネス実施企業の組織文化は，起業家型で大家
　族型の特徴もある

5　アート・イン・ビジネスの効果と考察

　本章では，第 1 章で紹介したアート・イン・ビジネスのフレーム
ワークに基づいて，アートを通じて内在化される 4 つのアートパ
ワー（①問題提起力，②想像力，③実践力，④共創力）と，それらがど
のようにビジネスにおける 4 つのアートの効果（Ⅰブランディング，Ⅱ
イノベーション，Ⅲ組織活性化，Ⅳヴィジョン構想）につながるのか，そ
れらの関係性を定量的なウェブアンケート調査を実施して検証しま
した。アート・イン・ビジネス実施企業として，本書のインタ
ビュー対象企業 4 社の従業員から合わせて 255 名の回答を得て，一
般企業の従業員 300 名から収集したデータとの比較検証を行いまし
た。

　今回の調査で回答を得たアート・イン・ビジネス実施企業の従業
員の特徴として，一般企業の従業員と比較して，勤続年数が 5 年未
満の 20 ～ 30 代の若手が多く，女性の割合も一般企業より多い傾向
がみられました。また，アート・イン・ビジネス実施企業の従業員
のほうが，美的なものに魅了されたり，表現したいと感じたりする
気持ちなどの「審美的志向性」に関して，アートへの親和度が非常
に高いことが確認できました。本章の目的であるアートパワーと
アートの効果の比較分析では，4 つのアートパワーと 4 つのアート
の効果すべてにおいて，アート・イン・ビジネス実施企業の従業員
の平均スコアが一般企業の従業員よりも高く，統計的にも有意な差
がみられました。つまり，アート・イン・ビジネス実施企業の従業
員は，アートに触れたりアートに関連する活動に関与する傾向が高
く，また，個々の従業員におけるアートの内在化が進んでいて，企
業のビジネスにおいてもイノベーションの促進や組織活性化に成果
を挙げていることがわかりました。

　一方で，今回の調査・分析では対応できていない今後の課題や収

集したデータに関する制限などがあります。

　第1に，調査対象とした4社の選択の恣意性と一般化への制限が挙げられます。本章では，近年，アート・イン・ビジネスを実施している企業のベスト・プラクティスとして，4社を事例研究に取り上げています。しかしながら，この選択は恣意的であり，限られた4社のデータのみから得られた結果で，普遍的な評価をすることはできません。また，今回，調査対象とした4社はすべてサービス業に属する企業であるため，業種の偏りも結果へ影響を与えている可能性が考えられます。

　第2に，調査項目（測定尺度）を作成するにあたり，既存のアート研究や心理学研究を参考としましたが，本書が提案するアートパワーとアートの効果を正しく測定できていたかという点は，さらなる検証が必要です。また，前述のとおり，合成評価指標の信頼性はほぼ問題ないことが確認できましたが，一部の指標は内的整合性が低く結果の解釈に注意が必要となりました。

　第3に，今回の結果から，アート・イン・ビジネス実施企業と一般企業を比較した結果として明確な違いが確認できましたが，それらと企業のアート関連活動（アートサークルやアート・イン・オフィスなど）との因果関係を明示的に判断することはできません。なぜなら，アート・イン・ビジネス実施企業がアート関連活動以外に実施している，企業活動や企業の特性が影響を与えていることを排除できないからです。たとえば，企業の人事制度やその他の従業員教育施策などが，アートパワーやアートの効果を高めている可能性が考えられます。

　最後に，今回の分析で，アートパワーとアートの効果の関係を確認することができましたが，それらは弱い相関にとどまっていました。上述のとおり，限られた4社のデータであることや，作成した調査項目（測定尺度）の信頼度が，これらの結果に影響している可能性が考えられます。

　今後の取り組みとして，上述のような課題に対処するため，第一に，今回の結果をさらに精査して調査項目（測定尺度）を再検討することが必要です。調査項目の信頼性を高めると同時に，アート・イン・ビジネスのフレームワークに基づいて，より正確にアートパ

ワーとアートの効果を測定できる指標の開発に取り組んでいきます。第二に，もっとたくさんのアート・イン・ビジネス実施企業のデータを収集する必要があります。今回ご協力いただいた 4 社の企業に加えて，より多様な業種のより多くのアート関連活動を実施している企業にご協力いただき，データ数を増やしていく努力をしていきます。

参考文献

Berthoin Antal, A.（2014）"When arts enter organizational spaces: Implications for organizational learning," *Learning Organizations,* 177-201, Springer.

Cheng, J. S., Y., Xiang, P. J., Sher, & C. W. Liu（2018）"Artistic intervention, intellectual capital, and service innovation: a case study of a Taiwan's hotel," *Service Business*, 12（1）, 169-201.

堀洋道監修（2001）『心理測定尺度集 I. II』サイエンス社。

澤邉紀生・飛田努（2009）「組織文化に応じたマネジメントコントロールシステムの役割──管理会計と企業業績に関する実証分析」『メルコ管理会計研究』2（1），53-67。

竹内規彦（2017）「戦略的人的資源管理研究における従業員モチベーション──文献レビューと将来展望」『日本労働研究雑誌』59（7），4-15。

09

アート・イン・ビジネスの実践法

キーワード
内在化から実践までの過程
内在化のパターン
アートと出会うきっかけ
実践方法のタイプ（With/By/For）

　この章では，アート・イン・ビジネスを実際に実践していく方法のヒントをお伝えしたいと思います。自社でも取り組んでみたい，個人的にアートに興味があるのでやってみたい，でもどうしたらよいのかわからないと思い悩む方に，具体的な方法論を解説していきます。

　これまで本書で紹介してきたアート・イン・ビジネスを実践しているビジネスパーソンたちは，どんな過程をたどって実践にいたったのでしょうか。本章の前半では，それらの実践者たちがアートを自分の思考や感性として内在化するまでの道のりをひもとき，彼らの内面を考察していきます。そして後半では，個人や企業がアートをビジネスに取り入れることで成果をあげているさまざまなアート・イン・ビジネスの実践事例を，3つの手法のタイプに整理して紹介していきます。

1 浅野裕子さんのケース

アート・イン・ビジネスを実践する過程は，大きく分けると内在化と実践の2つがあります。内在化とは第1章でも紹介したように，自分の知らなかった外にあるモノや情報を，自分のなかに取り込んで自分のものにすることです。アートを内在化することは，アートを見たり触れたり考えていくなかで，自分の外部にあったはずのアートという存在が，いつの間にか自分のなかで思考や感性になんらかの影響を及ぼしている状況ができたとき，内在化したといえるかもしれません。第1章で紹介した4つのアートパワー「問題提起力」「想像力」「実践力」「共創力」は，この内在化の過程のなかで培われる能力だと本書では定義しています。

それでは，どのようにしたら私たちのなかにアートを内在化できるのでしょうか。本章では，アートとほぼ無縁であった一般的なビジネスパーソンがアートを内在化し，自分の仕事のなかで実践していった事例として，我々が多くの取材をするなかで出会った，浅野裕子さんの体験をご紹介しながら考察していきたいと思います。

浅野さんは現在34歳，イベントチケットの販売を手がけるぴあ株式会社で，大学卒業後に入社してから現在まで12年間働いています。業務内容としては，マーケティング部門で顧客分析やユーザー調査などを担当しており，けっしてアートに関連する仕事をしているわけではありません。大学は国立大学で文学を学んでいました。博物館の学芸員資格を取るために現代美術を学ぶ授業はいくつかあり，地元で開催されている芸術祭を見にいく機会もありましたが，アートはなんとなく気になる存在という状態でした。

必ずしもアートと関わりが深いといえなかった浅野さんですが，自身が担当するチケットぴあの有料会員向けに「ART MEETS YOU!」というプログラムを発案し責任者を務めました（2018年12月でサービス終了）。「ART MEETS YOU!」は，チケットぴあでしか体験できないアートイベントに参加し体験できる有料会員向けサービスです。さらにその後，浅野さんはこのサービスを発展させて，

チケットぴあの社員教育のための対話型鑑賞プログラムとして試験運用しています。また同時に，浅野さんは，ある日本画に惚れ込んで作品購入して以来，今ではアートコレクターとなっています。

2　アートの内在化から実践まで

　図9-1は，第1章で紹介したアートパワーとビジネス効果をいかにして培っていくか，アートの内在化からアート・イン・ビジネスの実践までの過程について，我々の仮説を図式化したものです。この過程に沿って，浅野さんがどのようにして新規事業を立ち上げていったのか，ひとつずつみていきましょう。

①問題意識を持つ
　まず最初に行うべき（もしくは自然と発生する）ことは，自分自身で何かあるテーマについて深く考え，問題意識を持つことです。自分の身の回りのことや仕事，恋愛，結婚，家族，さらには人生についてまで，今の自分ってどうなんだろう，と誰しもが一度はふと頭に浮かんだであろう疑問を自覚し，言葉にしてみることから始まります。
　浅野さんは会社に勤め始めて8年，結婚して半年ほど経ったとき，仕事や将来のことをずっともやもやと考える時間が増えました。

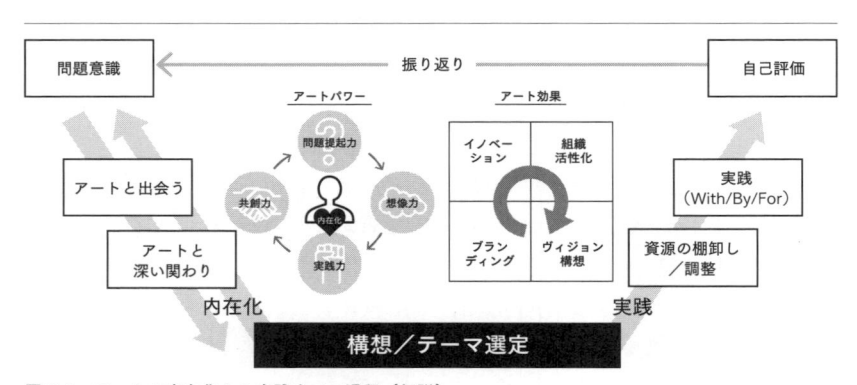

図9-1　アートの内在化から実践までの過程（仮説）

「今の仕事，そこそこおもしろいんだけど本当に今のままでよかったのかな」「結婚しても仕事は続けたいけど，本当に続けられるのかな」と漠然とした悩みが増えてきていました。

　浅野さんにかぎらず多くのビジネスパーソンが，ある程度のキャリアを経て部下や後輩を持つようになり，自分ひとりで責任を持って担当する仕事ができるようになると，誰しも同じような悩みを持つと思います。仕事では昇進や転職，プライベートでは結婚や育児について直面することで，思い悩む人は少なくありません。このように，内在化の最初のステップはいたって身の回りのことから始まります。この段階では，必ずしもまだアートが関わる必要はありません。

②アートと出会う

　何かしら強い問題意識を持った人がアートを見ると，日常の身の回りの出来事も，いつもとは違った視点で見ることができるようになります。スペインの画家で20世紀最大の巨匠といわれたパブロ・ピカソは「芸術は，日々の生活で魂にたまったほこりを洗い流してくれる」と名言を残していますが，迷ったり悩んだりするときにアートを見て気持ちが晴れやかになる人は多いのではないでしょうか。

　浅野さんも前述のとおり仕事と私生活においてぼんやりとした不安を抱えていました。そんなとき，新しい働き方や仕事の可能性を広げてみたくなり，あるアートスクールに参加してみることにしました。「日々の過ごし方に思考の偏りを感じ，一見すると意味のわからないアートがなぜ評価されているのか，自分なりに理解できれば，何か突破できるチャンスになるのかもしれない」と感じたそうです。

　浅野さんは当時，イギリスの現代美術家であるダミアン・ハーストの作品「母と子，分断されて」（1993）を見て衝撃を受けたことを思い出したそうです。アートとはゴッホやピカソの絵のことだと思い込んでいたのに「牛のホルマリン漬けがなぜアートなの？」と疑問に感じていた記憶をふと思い出しました。

　浅野さんは「大学生の頃，現代美術っていったいなんなのだろう

……意味がぜんぜんわからない……と理解できず悩んでいた自分と，仕事ってこれからどうすればいいのだろう……と悩んでいた自分は，8年の歳月を経っても変わらないんだなと」と語ってくれました。浅野さんの場合，学生時代のアートとの出会いがいきなり内在化されたわけでなく，長い間に仕事や私生活で培ってきた数々の体験と合わさることによって，8年経って熟成されて次第に内在化されたようにみえます。このようにもやもやした気持ちを持ち続け，自分の問題として考えることはアートパワーでいえば「問題提起力」や「想像力」を培っている段階といえるでしょう。

③アートと深い関わりを持つ

　アートに出会ってひらめきを感じると，そこから長い年月をかけて深く考えるようになります。もちろん短く太く考える人もいるし，ひらめきを忘れてしまう人もいます。ですがこのひらめきこそ重要で，考えを自分なりに掘り下げることが後々の実践につながるので，ずっと持っておくことをおすすめします。浅野さんはこのひらめきに長らくフタをしてはいましたが，忘れてはいませんでした。

　浅野さんは学生時代のアート体験を思い出したときから，いろいろアートについて調べるようになりました。また，次第に，その考察をまわりとも共有したいと思い立ち，アートコミュニティに参加することにしました。そのアートコミュニティでは現代アートを中心に，表現や創造の歴史について語ったり，アート業界の産業構造について分析を行う勉強を1年間ほど続けました。

　最初は，アートについて考えていた大学生の自分と，ビジネスについて悩んでいる現在の自分は，どこが同じでどこが同じでないのか見極めたいと思った浅野さんは，いつの間にかアートとビジネスを分け隔てることなく，自分の感じる疑問や想いを，遠慮なく参加者たちに投げかけることができるようになっていました。参加者はほとんどが現役で働いているビジネスパーソンだったので，その悩みはすぐに共有されたそうです。

　「業界や職種は違うけどみんな悩んでいる。でも他の人も同じ悩みは抱えてるし，仕事とは関係なくアートについて考える時間で頭がリフレッシュできたし，一方でアートを生業にする人たちもビジ

ネスをしていて同じような悩みを抱えてるんだな」と考えるようになったと浅野さんは述べています。

④構想とテーマを選定する

　構想とテーマ選定とは，これまでに考えてきた問題意識を周囲と共有できるように構想として整理し，自分のビジネスでどのように実践していくか設計することです。アートの内在化からアート・イン・ビジネスの実践の間をつなげる最も大事な段階です。

　浅野さんがアートコミュニティに参加して半年が経った頃，当時担当していた業務に加え，チケットぴあの有料会員の活性化も担うことになりました。新しい職場で仕事をするにあたって，浅野さんはアートコミュニティで交わした議論を思い出しました。「現代アートはパッと見るだけでは意味がわからず素通りされてしまう。どうすればその魅力が伝わりファンになってもらえるか」というアート業界の課題と，チケットぴあの課題が重なった瞬間だったそうです。

　チケットぴあでも同じく「ぴあをよく使ってくれる優良顧客が，ずっと離れずファンでいてもらうために何が提供できるか」「ぴあの有料会員に対してこそできる，いっそう深いエンターテインメント体験の提供ができないか」という着想にたどりつきます。その着想から，浅野さんは，アートを用いた有料会員限定の体験プログラムというテーマを選定しました。

　ただし，これまでの内在化の過程において，①問題意識→②アートと出会う→③アートとの深い関わり→④構想とテーマ選定にいたるまで，浅野さんの道のりはけっして一直線に進めたわけではありません。いずれの段階でも行ったり来たりしながら，めげずに考えて提言して形にすることを心がけてきたそうです。第1章で紹介したアートパワーになぞらえていうと，浅野さんはさまざまな障害を乗り越えて新規プロジェクトを形にしようと努力する「実践力」や，周囲の仲間を巻き込みながら構想やテーマを創りあげていく「共創力」を持ちえたといえるのではないでしょうか。その力はアートコミュニティでの経験で，仲間たちと一緒に議論したり，その想いを形にしようとしたことで養われたのかもしれません。

⑤資源の棚卸しと関係者との調整をする

　しかし浅野さんの新規プロジェクトのアイデアが，そのまますぐに実現されたわけではありません。浅野さんは自分自身が長い時間をかけて得たアート知識を活かそうと考えて，アートを体験できる企画を会社に提案しました。ですが上司からは「有料会員にチケットぴあ独自の商品やサービスを提供するという方向性はわかった。でもアートを使う必要はあるの？」という第一声を返されます。このときのやり取りは一筋縄ではいかず，何度も社内調整や説明に追われたそうです。

　そこで，浅野さんは，身の回りにある資源やコネクションは何があるか洗いなおし，すぐにアートコミュニティの仲間たちそのものが今の自分にとって大きな資源であり武器になりうると思いついたそうです。浅野さんは上司に「ぴあの有料会員は，非常に目が肥えています。あらゆるエンターテインメントを体験して自分のこだわりが強い方々です。そんな方々に提供できるサービスといえば，ぴあで取り扱いが少ないのに市場がどんどん拡大しているアートだと考えました」と説明し，ようやく了承を得ることができたそうです。

　浅野さんの場合は，大学生の頃から学芸員資格取得のためにアートに触れたり，アートコミュニティに属した経緯があったので，ビジネスにおける実践でもアートを用いる新規プロジェクトに取り組むことになりました。しかしながら，アート・イン・ビジネスの実践としては，アートという形式にこだわる必要はありません。たとえば，アート・イン・ビジネスの成功事例として第5章で紹介した株式会社スマイルズは，数々のプロジェクトを実践してきていますが，アートに直接関連する事業もあれば，スープ販売やリサイクルショップ，書店といったように一見するとアートとは関係のない事業もむしろたくさん手がけています。同社の代表取締役社長である遠山正道氏が主要事業の Soup Stock Tokyo について「スープは作品だ」と考えているように，アートを内在化したビジネスパーソンによる実践は，そのすべてが作品であり，新しいアートの表現形態と捉えてもよいのではないでしょうか。

⑥実践する（With/By/For）

　ここまで浅野さんがアートを内在化したことによって，新規プロジェクト「ART MEETS YOU!」の企画が社内において実施判断が決裁され，いよいよアート・イン・ビジネスを実践することになりました。社内会議で企画内容，実行計画，予算組み，外部交渉，といったよくある手続きを踏みます。アートを使った新規事業といえども一般的なビジネスの流れと変わりません。

　本書では，アート・イン・ビジネスの実践方法を，3つのタイプ「With："アートとともに"ある／考える／交流する活動」「By："アートによって"新しいしかけをつくる活動」「For："アートのために"支える／応援する活動」に分類しました。それぞれのタイプついては，さまざまな実践例とともに具体的な内容を第5節で後述します。

　浅野さんの場合は，アートの仲間たちと一緒に悩みを共有し考えることで（With），アートを活用したツアープログラムを発案しました（By）。したがって，WithとByという2つの方法でアート・イン・ビジネスを実践したといえるでしょう。

⑦自己評価をする

　「ART MEETS YOU!」は2016年5月にサービスが開始されました。最初は，チケットぴあの有料会員が美術館やアートフェアを，アーティストやキュレーターと一緒に作品を見てまわる体験ツアーから始めました。しかし，現代アートをテーマにすると集客に苦戦し，社内の期待に応える結果とはならなかったそうです。ビジネスに絶対はなく，成功もあれば失敗もあるのはアート・イン・ビジネスでも同じです。

　アート・イン・ビジネスの実践において重要な点は，まわりの評価だけでなく，発案した自分自身がどう捉えて自らがどのように今後に活かすかです。一般的な事業開発と，アート・イン・ビジネスによる事業開発を比べると，この自己評価を徹底的に行うことが違いだといえます。前者はなぜ失敗したのか客観的なデータと結果を集めて，科学的かつ定量的に分析します。後者はむしろ発案者である個人の想いに注目し，当初の問題意識やヴィジョンを振り返りな

がら，内省的に分析します。浅野さんは失敗を振り返り，何がダメだったのか考え，もう一度，問題や課題を捉えなおすことからやりなおしました。

自己評価を経た結果として，「ART MEETS YOU!」は，当初の有料会員への対外的なプログラムではなく，もう一方で課題となっていた同社の社内活性化のための社内研修に活かすことになりました。その後，浅野さんの企画で，チケットぴあの社員同士で絵を見て，知識にとらわれず率直に意見を交わしてコミュニケーション力を高める研修プログラムとして改善し実施されました。社内からも好評で，人事部からの提案で新人研修にも同プログラムが採用されました。

通常の事業開発における費用対効果の評価では，売上や利益などの数字を基にした評価に終始しがちで，発案者の想いや経緯が考慮されることはほとんどありません。浅野さんのように自己評価を下敷きにして事業を捉えてみると，発想の切り替えも柔軟となり問題意識やヴィジョンの振り返りと改善も早く，どんどん実践していこうという組織体制や文化になりやすいのではないでしょうか。

3　アートの内在化パターン

アート・イン・ビジネスの実践過程で最も大切なのは，アートの内在化です。一般的にビジネスは成果を求めがちで，利益を生み出さない事業は成功とはみなされません。アート・イン・ビジネスは，会社の売上や利益を無視するわけではありませんが，本人のやりがいや想いといった内面に焦点を当てて，いかにしてビジネスとつなげて実践するかに着目した考え方なのです。

浅野さんは「アートについて深く考える癖がついたおかげで，仕事でも同じように考える癖がついた」と言います。そのため一度の失敗でめげず，すぐに視点を切り替えて別の企画として，対話型鑑賞を社内研修に取り入れるプログラムを考える発想の転換ができたのかもしれません。また浅野さんは「アートは自分で手を動かして表現できるのがよい。手を動かすと，脳が働くしもやもやしていた

のがすっきりする」とも振り返っています。アートには，見る／向きあう／会話する／作る／買う，というように，さまざまな関わり方や表現があります。それらが複合的に組み合わさりながら内在化が深まることもあります。この関わり方については次の第4節で詳しくご紹介します。

　アートの内在化は，人によってきっかけが大きく異なり，どのような過程をたどれば内在化できるかというひとつの方法論を提供することはできません。第2節の図9-1では，内在化から実践までをフローとして示しました。次の図9-2は，内在化に焦点を当て，そのパターンについて，おおまかな類型化を試みたものです。我々はアート・イン・ビジネスを実践するさまざまなビジネスパーソンを取材しましたが，アートの内在化は人によって背景が異なるため，厳密に類型化することは困難です。ここでは，アートに親しんだことが少ない読者の方々にわかりやすくするため，アートを内在化している人たちを5つのパターンに要約してお示ししたいと思います。

　図9-2はさまざまなアートパワーを持つ方を我々が取材して，人によって異なる内在化のきっかけを分類したものです。〇は情緒的な関わりやきっかけを示しています。たとえば作品やアーティストが放つ非言語的コミュニケーションを想像してもらうとよいでしょう。▤は論理的な関わりやきっかけを示しています。たとえば作品にまつわる批評／理論／体系など言語的コミュニケーションを想像してください。図では，〇と▤に触れたときの影響度が人によって異なるパターンがあることを示しています。

　Aは，たくさんの作品に触れることで心の葛藤を昇華させている「鑑賞者（シンカー）」です。いろんな作品やアーティストを見たり触れたりするなかで，アートが自分にとって大きな影響を与えることになるタイプの人です。基本的には自分でアートを作るよりも，見ることが多い人は鑑賞者（シンカー）が多いのではないでしょうか。

　Bは，自分でも絵を描いたり表現することで自分のなかにある動機を固めていく「表現者（クリエイター）」です。美術やデザインの学校に通っていたり，子どもの頃から絵を描くことに親しみがある人はこのタイプに多いようです。現在の仕事が表現者（クリエイ

161

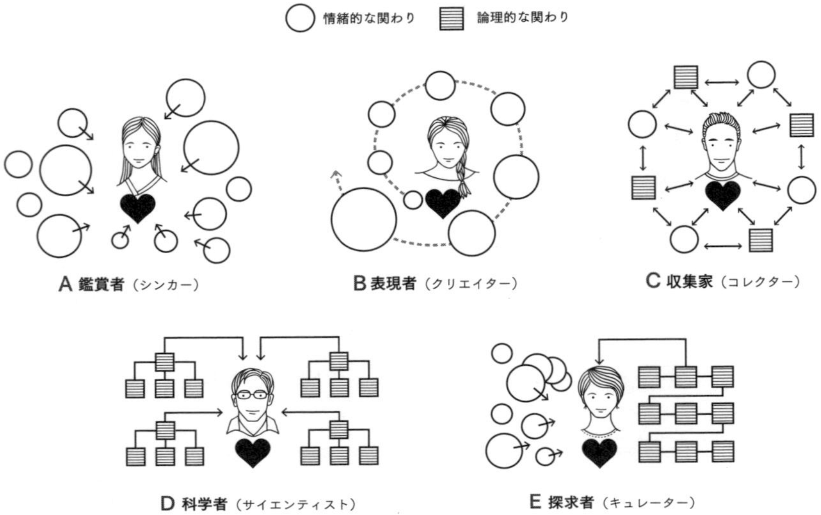

図9-2　アートを内在化する人たちの5つのパターン
著者による取材によって独自に作図。

ター）でなくともこのタイプの方はたくさんいます。

　Cは，作品だけでなくアーティストやギャラリストなどあらゆる
アートのステークホルダーと絡みあいながら思考を深める「収集家
（コレクター）」です。鑑賞者（シンカー）がさらにアートに深く関わ
ると，次第にこのタイプに変わっていきます。アートワールドは
アーティストだけでなく，ギャラリストにディーラー，研究者や教
育者など，あらゆる職業の人がお互いに関係を深めます。その絡み
合いが自身に大きな影響を与えるのが収集家（コレクター）です。

　Dは，作品やアーティストの思考を論理的に解釈し，アートの
意味を科学的に自分に取り込んでいく「科学者（サイエンティスト）」
です。ビジネスパーソンはこのタイプが最も理解しやすいかもしれ
ません。アートは本当はきわめて論理的かつ科学的な営みです。作
品やアーティストの裏側に潜んでいる体系を深く知ることができれ
ば，科学者（サイエンティスト）としてアートを内在化することがで
きるはずです。

　Eは，上記すべてを複合的に捉え，考えたり動いたり行ったり来
たりを繰り返す「探究者（キュレーター）」です。このタイプはアー

トをいろんな視点から捉えることができます。最初から探究者（キュレーター）である人は希少で，最初は上記の4つの分類から始まることがほとんどだと思いますが，考える行為が好きな人はいきなり探究者かもしれません。

　5つの分類を見て，いかがだったでしょうか。もちろんアートの内在化はこの5つのパターンに留まることはありません。あなたならではの内在化のパターンがきっとあるはずです。アートはいかなるアプローチでも受け止めてくれる大きな器です。読者のみなさんでオリジナルの内在化パターンをぜひ見つけてみてください。

4　アートと出会うきっかけ

　前述の第2節で説明したアートを内在化する過程のなかで，最初に普段から問題意識を自分のこととして考えられるようになった後，次のステップとしてアートと出会うために，そのきっかけをどうやって見つければよいのでしょうか。読者のなかには，自分はアートとは縁のない人間なのでどうすればよいのかと疑問を感じる方がいるかもしれません。アートと出会うきっかけは人それぞれで，偶然に出会うことがほとんどではないでしょうか。浅野さんの場合は主に大学生の頃に見た展覧会と，社会人になって参加したアートコミュニティがそのきっかけでした。もちろんこれだけでなくありとあらゆるアートとの出会い方があり，人によってアートと感じる尺度や幅もかなり異なります。

　「アートに触れたいけど，何から始めたらよいか，どうやって始めたらよいかわからない」という読者の方々がお困りにならないよう，表9-1の5つの切り口でアートと出会うきっかけをご紹介します。4つのアートパワー「問題提起力」「想像力」「実践力」「共創力」を高めて，自分の思考や感性を深めるために実施している有効な方法論となっていると思います。

①たくさん見る
　まずは何はともあれアートにできるだけ多く見て触れることから

表 9-1　アートと出会うきっかけ

	段　階	概　要	方　法
①	たくさん見る	インターネットで調べる 気になる画像を集める	画像検索／SNS など
②	作品に向きあう	美術館でじっと長く見つめてみる 作品を見て考える	対話型鑑賞 ギャラリーツアー
③	人と話す	アートのことを人と会話する 気になることを共有する	アートコミュニティ スタジオツアー
④	描いてみる	自分のイメージを形にしてみる 鉛筆やパソコンで描いてみる	デッサン教室 ワークショップ
⑤	作品を買う	好きな作家のポストカードを買う ギャラリーで作品を買う（エディ ション作品／一点物）	アートセレクトショップ 百貨店／陶芸品ギャラリー

始めましょう。一方で「でもアートってあまり見慣れていないのでどうすればいいかわからない」という方もいると思います。「美術館に行けばアートを見られるだろうけど，自分は素人なので解説を読んでもわからない」と恐れおののく方もいるかもしれません。

　そのように感じてしまう方々でもアートに触れる簡単な方法があります。インターネットで調べてみることです。検索ワードはどんなものでも構いません。気になる作品やアーティストの名前を検索してもよいでしょう。思いつかなければいつも検索している単語を，そのまま画像検索してみてください。たくさんの画像のなかから気になる画像を気に留めてみてください。もしくは SNS（ソーシャルネットワーキングサービス）で友人やフォローしている人がどんな写真や画像を掲載しているかよく見てみてください。

　そして「なぜ自分はその画像が気になるのだろう」と考えてみてください。気になる写真や画像がなかったとしても，気にせずどんどん探してみてください。たくさんの画像を見ているうちに，どこかで気になるものがきっと見つかります。

②作品に向きあう

　気になる写真や画像を見つけたら，じっと長く観察してみてください。できれば 5 分以上の観察がおすすめです。なぜならアートを理解することは，作品を鑑賞し，自分のなかで反芻し「なぜ自分は

この作品が好きだと感じてしまうのだろう」と考えることから始まるからです。

　ある美術館の調査で，来館者がひとつの作品を鑑賞するのに使う時間は，平均 10 秒だったという調査があります（岡崎 2018）。10 秒は短いのか長いのか人によって感じ方に差があるため，一概には善し悪しを判断できませんが，本書ではアートを通じて考える力を高めることを推奨しているため，もっと一つひとつの作品へ向きあう時間を長めにすることを提案しています。

　前節で紹介した浅野さんの企画に対話型鑑賞のプログラムがありましたが，その原点はニューヨーク近代美術館が考えたヴィジュアル・シンキング・ストラテジーズ（VTS）という鑑賞法にあります（ヤノウィン 2015）。VTS では 1 作品あたり 10 分以上，作品を見ることに使うそうです。作品に関する知識や背景を知ることよりも，作品を見て考えることを重んじています。

③人と話す

　外に出かけて作品をたくさん見る時間があまりないという人は，気になる作品をひとつだけでもよいので，じっと向きあって自分なりに考えたことや感想をまわりの知人と共有したり，SNS で投稿してみてください。自分が感じたことに対して，知人は別の感想を抱いているかもしれません，また SNS ではまったく別の他人が自分と同じことを感じて共感してくれるかもしれません。そのやり取りそのものがおもしろく知的な刺激となるはずです。

　自分のまわりにアートの話をする人がいないという方々は，前述の浅野さんのようにコミュニティを探すのもひとつの解決策です。もしくは，アーティストと直接お話ができるスタジオツアーもおすすめです。アーティストが作品を作っている工房に出向いてその背景や思考について語ってくれたり，普段できないような質問をすることができます。

④描いてみる

　自分で絵を描いてみる，という段階まで来ると相当のアートラヴァーといえます。絵を見るより先に絵を描くことから始めても構

いません。そもそも幼少期から言葉を覚えるのと同じタイミングで絵を描いている家庭は多いのではないでしょうか。本来は絵を描くことは実はハードルが高くないはずですが，社会人になると絵を描く機会が少なくなってしまいハードルが高い……と思われる人も多いでしょう。

　そんな方はパソコンを使って図やグラフで表現してみましょう。ビジネス文書は文字しか書いたことがない，という方は，ぜひ写真や図を使ってみましょう。ビジネスの現場でも絵を描いて説明するというコミュニケーションは有効です。言語的なアプローチだけでなく，非言語的なアプローチを試してみてください。

⑤作品を買う

　日本でもアート作品を購入するアートコレクターの数は年々増えてきたといわれています。絵を買うといってもギャラリーに行って一点物の絵を買うだけではありません。アートは写真や版画などの複製品も立派な作品として扱われています。それら複製品の多くはエディション作品と呼ばれており，市場に流通される数量はアーティストとギャラリーによって厳密に管理されています。エディション作品は一点物よりもずっと安い値段で買うことができます。日本のギャラリーでは有名なアーティストでも，エディション作品であれば10万円前後で購入できるものが数多くあります。

　しかし，10万円でも高すぎる，と思われる方は，美術館のショップやアートセレクトショップで販売されている好きな作品のポストカードを買ってみることから始めてはいかがでしょうか。また，百貨店や陶芸品を扱うギャラリーで，陶芸や工芸の作家が作ったコップやお皿などの生活用品を買ってみるのも立派なアートコレクターの第一歩です。手づくりでも数千円から買えますが，一つひとつがアーティストによるアート作品でもあるのです。

5　アート・イン・ビジネスの実践例

　上述の通り，アートを内在化し構想とテーマの選定まで進むと，

次は，自分のまわりにある利用可能な資源の棚卸しと関係者との調整を行いながら，いよいよアート・イン・ビジネスの実践のステップになります。本書でこれまでに取り上げた寺田倉庫やスマイルズなどの企業の事例や，前述の内在化と実践の過程で紹介したチケットぴあの浅野さんが実現させた新規サービスのほかにも，アートパワーを内在化したビジネスパーソンが，アートをビジネスに取り入れることでアート・イン・ビジネスを実践し，さまざまな成果をあげている事例がみられるようになってきました。この節では，実践方法を3つのタイプに分類し，それぞれについてさまざまな事例を紹介していきます（表9-2）。

　第1に，「With（"アートとともに"ある／考える／交流する活動)」は，ビジネスのなかで身近なところからアートに触れ合う環境を作る活動で，仲間とアートサークルを作ったり，会社や組織のなかでアートとの接点づくりやアーティストとの交流を促します。費用や実施までのハードルが低く，比較的取りかかりやすい活動です。

　第2に，「By（"アートによって"新しいしかけをつくる活動)」は，アーティストがビジネス側の依頼でアート作品や製品パッケージなどを制作します。それはたんなる制作請負作業ではなく，アーティストなりの視点が入り込みビジネスに対して新しい価値を提供します。成功すると大きな効果が得られる反面，ビジネス側で依頼したい内容やテーマとアーティスト側のタイプや志向性との相性が重要で，両者をつなぎ調整役となる媒介者（ファシリテーター）の存在が大切になります。

　最後に，「For（"アートのために"支える／応援する活動)」は，これまでにもメセナ活動やCSR活動と呼ばれて実践している企業が数多くあります。これらの活動では，アートが持つ問題提起力，想像力，実践力，共創力を内在化しているビジネスパーソンが，自らの信念に基づいて未来志向で行うことが重要です。確固とした信念のある活動は長期に持続し，企業にとって利益となる以上に，社員や顧客さらに社会に対して貢献し良い効果をもたらします。

① With："アートとともに"ある／考える／交流する活動

　ビジネスにおけるアート・イン・ビジネス実践の第一歩は，

「With（"アートとともに"ある／考える／交流する活動）」から始まります。いきなりアートを使って新商品を考えたり，新規ビジネスを始めたりすることは，一般的な企業や組織では難しいでしょう。まずは，身近なところからアートに触れ合うことのできる環境を社内や組織内に作っていきましょう。

アートサークル：スモールスタートで仲間を集める活動，多様な交
　流や自発的な思考，行動力を培う
　アートサークルは，社内でアートに少しでも関心のある仲間を集うことから始めることができます。たとえば，第4章で取り上げたアクセンチュア株式会社の芸術部は，石村さんというひとりの社員

表 9-2　アート・イン・ビジネスの実践方法タイプと事例リスト

タイプ	実践方法	事　例
With："アートととも に"ある／考える／交 流する活動	アートサークル	・アクセンチュア《芸術部》 ・電通《美術回路》
	アートインオフィス	・マネックスグループ 《ART IN THE OFFICE》 ・ドイツ銀行《Art works（アートを活かす）》
	アーティストインカンパニー	・Artistic intervention（アートによる介入）
By："アートによっ て"新しいしかけをつ くる活動	ブランディング	・BMW《ART DRIVE》《大地の芸術祭》 ・永坂産業&戸田建設《京橋彩区》
	コミッションワーク	・安川電機×名和晃平 ・《JINS ART PROJECT》× 泉太郎
	プロトタイピング	・Panasonic《AMP（Ambient Media Player）》
For："アートのため に"支える／応援する 活動	コレクション	・石川文化振興財団《岡山芸術交流》
	スポンサーシップ	・ビズリーチ×ソフィ・カル ・UBS×アート・バーゼル
	アートアワード	・ヒューゴ・ボス賞 ・野村アートアワード

が周囲に声をかけたことをきっかけに短期間で 200 人以上のコミュニティに成長し，会社の正式な部活動となりました。

実践事例 1：電通《美術回路》　本書の執筆メンバーが所属する《美術回路》も，アートとビジネスについて取り組むプロジェクトです。社内外向けセミナーやメディアでの情報発信に加え，美術館アプリを制作したり，アートツアーのガイドをするメンバーもいます。

　美術回路は，もともとは広告会社電通の有志社員が自分たちの仕事にアートを取り入れられないかという願望から始まったプロジェクトでした。いまでは，社外メンバーも含めて 150 人以上が所属しています。広告会社にはテレビ CM を企画・制作するようなクリエイティブ職の社員もいますが，事務や営業，データ分析をするような一般企業と変わらない社員も数多くいます。美術回路では，それらのさまざまな部署の社員や社外も含めたビジネスパーソンにアートとビジネスの関係に興味を持ってもらえるよう，セミナーの開催や広報誌への記事掲載などを行っています。メンバーのなかには，活動から得た知識や人脈を活かして，社会貢献活動として東京都現代美術館の企画展ガイドアプリ（MOT ガイド）や展覧会の広報動画を制作した者もいます。この書籍もメンバーの自発的な活動の成果です。アートサークルではメンバーがアートの知識を深めていくことも大切なのですが，それよりもっと重要なのは，アートを通して社内外のさまざまな人たちと交流することによって多様な考え方に触れ，それらの多様な視点を自分ごととして内在化できるようになることです。

─────「アートサークル」のポイント

● スモールスタートできる
● 自発的にどんどんメンバーが集まる
● 多様な交流で視点が広がる
● メンバーが自発的に考え行動するようになる

アートインオフィス：恒常的に職場にアートが存在する環境で，職場環境の改善と従業員の意識を変える

　アートサークルよりも，より恒常的に職場にアートが存在する環境を実現するのがアートインオフィスです。第4章で紹介したマネックスグループ株式会社の **ART IN THE OFFICE** がその好例で，新進アーティストが実際に本社に滞在して作品を制作し，社員はオフィスで間近にアーティストが作品アイデアを具現化するプロセスに触れることができます。

実践事例2：ドイツ銀行《Art works（アートを活かす）》　世界最大規模の企業アートコレクションです。アート作品をフロアに飾り，従業員や顧客，一般客が鑑賞できます。

　ドイツ銀行（Deutsche Bank AG）は，《Art works（アートを活かす）》というCSR（企業の社会的責任）プログラムを長年続けてきました。その始まりは，1970年代に社会彫刻という概念を提唱した世界的な現代アーティスのヨーゼフ・ボイスとドイツ銀行役員との出会いがきっかけだったそうです（日本経済新聞 2016）。現代アートが持つメッセージや創造性を社員が共有し作品に触れる場を提供する《Art at work（職場にアートを）》プログラムから始まり，現在では絵画や写真を中心とした現代アートコレクションをフランクフルトの本社をはじめ，日本を含む世界40カ国の700カ所を超えるドイツ銀行オフィスに常設し従業員や顧客，一般客が見られるようにしています。その理念は「Art builds. Art questions. Art transcends borders. Art works.（アートはアイデアを生み，新しい視点を与え，境界を越える）」で，社会のさまざまな問題や課題を浮き彫りにし，将来への展望を示唆する芸術を人々に提供し社会に貢献することを目的に，若手美術家の支援や教育プログラムと雑誌『ArtMag』の発行などを行っています。

───────　**「アートインオフィス」のポイント**
- ● 規模は数百万円から数十億円までさまざま
- ● 企業ブランディングとしてイメージ効果が大きい
- ● 職場環境の改善と従業員の意識を変える作用がある

ドイツ銀行コレクション（ロンドン本社での展示）
Keith Tyson《12 Harmonics》2011 ©Keith Tyson（右）
Tony Cragg《Secretions》1998 ©Tony Cragg（左）

● さまざまなステークホルダー，従業員・顧客・地域住民と
関係づくりができる

アーティストインカンパニー：アーティストが社員になり日常的に
交流する。アートとビジネスを仲介する媒介者（ファシリテー
ター）が必要

With「"アートとともに"ある／考える／交流すること」をビジ
ネスのなかで恒常的に実施する最終段階は，アーティストを組織の
一員として迎え入れることです。現状でも，美術系の大学や専門学
校出身者をデザイナーとして雇用している企業が多くあります。先
進的な企業では，さらに進んで，新しい視点や多様性を喚起するた
めに，アーティストを雇用する取り組みを実施しています。

実践事例3：Artistic intervention（アートによる介入）　アーティ
ストがビジネスに入り込んで深く関与していくこの活動領域は
「Artistic intervention（アートによる介入）」とも呼ばれ，欧米を中心
に数多くの実践事例と学術研究が行われています。2018年春には，

Journal of Business Research という学術雑誌において『The arts as sources of value creation for business: Theory, research, and practice（ビジネスのための価値創造の源泉としてのアート──理論，調査と実践)』と題する特集号が出版され，そのなかに 23 本の Artistic intervention に関する研究論文が掲載されています。それらの研究結果では，アーティストが組織のなかで有効に機能した事例もあれば，短期間で失敗に終わってしまった事例も報告されています。それらが指摘する共通のポイントとして，アーティスト側とビジネス側とでは考え方も異なり，その共通言語もわずかであるため，両者の考えを仲介しコミュニケーションを取り持つ媒介者（ファシリテーター）の存在が重要だとされています。両者のコミュニケーションがうまくいった組織においては，アーティストの存在によって社員の考え方が多様化し，創造性が高められるとともに，組織の活性化や調和に効果がみられることが報告されています。

──────「アーティストインカンパニー」のポイント

● 日常的にアーティストとの交流が行われる
● 今までの常識を超越した，アーティストの考え方や実践法を学べる
● イノベーションの苗床になる
● アートとビジネスを仲介する媒介者（ファシリテーター）が必要

② By：“アートによって”新しいしかけをつくる活動

　「With（“アートとともに”ある／考える／交流する活動)」の次に，アート・イン・ビジネスを実践する領域は，「By（“アートによって”新しいしかけをつくる活動)」です。ビジネス側からアーティストに依頼して，アート作品や製品パッケージなどを制作してもらいます。それはたんなる制作請負作業ではありません。依頼された内容やテーマに加えてアーティストなりの視点を取り入れ，ビジネスに対して新しい価値を提供することが期待されています。さらに，先端的な企業では，製品企画からプロトタイプの制作までをアーティストと一緒に取り組むこともあります。成功すると大きな効果が得られる反面，ビジネス側で依頼したい内容やテーマとアーティスト側のタイ

プや志向性との相性が重要になります。

**ブランディング：アートを企業のプロモーションに活用するだけで
なく，地域やエリアの価値創造にも貢献する**

　企業がその理念を対外的に情報発信しようとするとき，アート作
品やアーティストを活用することでより世の中に受け入れられやす
いコミュニケーションができるようになります。「Art infusion（アー
トの注入，もしくは注射）」と呼ばれる学術研究領域（Hagtvedt & Patrick
2008, 2011 など）では，ファッションブランドのような高級品だけで
はなく，石けんやミネラルウォーターなどのような非高級品におい
てもアート作品を商品パッケージに利用することによる効果が示さ
れています。おもしろいことに写実的な絵画より抽象絵画のほうが，
消費者の購買意思決定や感情により影響を与えるようです。また，
アート鑑賞による感情への影響を検証するために，fMRI（機能的磁
気共鳴画像撮影装置）を使ってアートが脳のどの部位の活動に影響を
与えるかといった研究も行われています（Lacey et al. 2011; Kirscha et
al. 2016 など）。

　また，実際にアートを企業のブランディングに利用する取り組み
が，多くの企業によって行われています。もちろん企業はプロモー
ション効果を期待しているのですが，アートの力を内在化したビジ
ネスパーソンが行うべきことは，企業や組織の枠を越えて周囲の
人々にも良い効果を与える活動です。以下に紹介する事例は，ビジ
ネスとして成功しているだけではなく，地域やエリアの価値創造に
貢献するという理念を持って長期的に続けられている活動です。

実践事例 4：BMW《ART DRIVE》《大地の芸術祭》　ビー・エム・
ダブリュー（BMW AG）は，アートイベントでアートカー展示を
行ったり，公式ガイドカーを提供し，観客の便益だけでなく地域活
性化にも貢献しています。

　BMW は，1975 年から継続的に世界的なアーティストが BMW
の車体をペイントしたスペシャルエディションカー《ART
DRIVE》を制作し続けてきました。そして，それら歴代のアート
カーを 2012 年のロンドン五輪に合わせて開催された文化プログラ

ムを支援するイベントとして会場に展示し観客の注目を集めました。また日本でも，越後妻有（えちごつまり）で地元出身のアートディレクターである北川フラム氏が総合プロデューサーとなり，過疎化が進む新潟県の里山の地域再生活動としてアーティストと地元住民が協働して作品制作し継続的に展示を行っている《大地の芸術祭　越後妻有アートトリエンナーレ》に共感し，2009 年の第 3 回から，オフィシャルカーを提供し続けています。過疎化によって公共交通機関の乏しい地域で，芸術祭関係者や参加者へのツアーや交通手段として活用されました。訪問客への便益となっただけではなく，地域の活性化にも貢献する取り組みとなっています。

実践事例 5 ：永坂産業＆戸田建設《京橋彩区》　東京駅前エリアの再開発は，2024 年のグランドオープンを予定し，アートをテーマにしています。アート展示やイベントの実施だけでなく，アーティスト支援にも重点を置いているのが特徴です。

　東京駅に隣接する京橋エリアには，1952 年にブリヂストン美術館が開館されるなど，ギャラリーや古美術商などが集まっていました。このエリアの再開発のため，株式会社永坂産業と戸田建設株式会社はアートをテーマに「『まちに開かれた芸術・文化拠点』を形成することを目指し，1. 美術館・展示施設，2. 若手芸術家の育成・情報発信施設，3. 中央通り沿いの芸術・文化活動などのための広場空間を整備することで，誰もが気軽に芸術文化を体感できる環境を整える」計画が進められています。2024 年のグランドオープンに向けて 2 棟の高層ビルが建設され，複数の文化貢献施設が併設される予定です。それらを「京橋彩区（きょうばしさいく）」と命名することで，アートを使ったブランディングを推進しています。ブリヂストン美術館をアーティゾン美術館と館名変更してリニューアルオープンするのをはじめ，建設中の広場空間を使って，戸田建設が若手アーティストや建築家とともにアートイベント《TOKYO 2021》を開催しました。また，イベントを実施するだけではなく，若手アーティストが制作活動するためのコワーキング施設や作品展示および販売までを支援する長期的な取り組みが計画されているそうです。

──────「ブランディング」のポイント

● 大きなプロモーション効果がある
● エリアや地域創造に貢献する
● 長期間続けられるコンテンツになる
● ビジネス内容とアートの属性との相性に注意が必要

コミッションワーク：アーティストがたんなる制作請負をするのではなく，独自の視点でビジネスの新しい価値を表現する

　企業もしくは個人が，アーティストに発注して，自分のためだけにオリジナルの作品を作ってもらうことをコミッションワークと呼びます。それって商業デザインではないのか？　と思われるかもしれませんが，著作者はアーティストであり，アーティストも自分の作品として位置づけて制作します。つまり，たんなる制作請負作業ではなく依頼された内容やテーマに加えてアーティスト独自の視点を取り入れ，ビジネスに対して新しい価値を提供するものとなります。以下の事例では，企業の従業員や顧客やファンコミュニティに，それらの新しい価値をアート作品として提示した成功例となっています。

実践事例6：安川電機×名和晃平　工業用ロボットなどメカトロニクス製品で世界のトップシェアを誇る株式会社安川電機は，2015年に創立100周年を迎えるにあたって，北九州市八幡の本社のエントランスに飾るモニュメント制作を彫刻家の名和晃平率いるデザイン集団 SANDWICH に依頼しました（Web 電通報 2016）。コミッションワークとして制作された高さ5メートルのインスタレーション《PixCell-Double Muse（ピクセルダブルミューズ）》は，ギリシャ神話の知の女神ミューズをモチーフに現代アートと工業的な美を融合させ，安川電機の企業理念を表現するものとなっています。安川電機の100周年を記念して社員を鼓舞し，対外的にもアピールするしかけとしてさまざまなメディアでも紹介されました。

実践事例7：《JINS ART PROJECT》×泉太郎　見る人のインスピレーションを刺激し，メガネに対する新しい発見や親近感を醸成す

る店舗づくりを目指すプロジェクトです。実際に，JINS 吉祥寺ダイヤ街店に 2 点の作品が展示されています。

　アイウェアショップを展開する株式会社ジンズ（JINS）は，店舗の壁を若手アーティストに提供し，自由な発想で新しい作品を制作してもらう《JINS ART PROJECT》を実施しています。自身もメガネを愛用しているアーティストの泉太郎は，主にビデオを使ったインスタレーションや映像作品で知られていますが，JINS からのコミッションワークにおいては，ビデオカメラではなくメガネをかけた状態で描いた絵を，メガネをはずした状態でコピーするという作業を何度も繰り返してつくられました。体の一部になるほど馴染んでいるメガネを出発点とし，それがいかに私たちのものの見え方や運動の捉え方に影響を与えているかを泉自身の体を使って実験し，作品として発表しました。JINS 吉祥寺ダイヤ街店の 2F 壁面に展示された 2 点の作品は，一般の訪問客の目に触れインスピレーションを刺激し，またメガネに対する新しい発見や親近感を醸成する個性的な店舗づくりに貢献しています。

─────「コミッションワーク」のポイント
● 企業理念やミッションをアーティスト視点で表現する

《JINS ART PROJECT》×泉太郎の作品が展示されている店舗内の様子

- 顧客やファンコミュニティとの関係づくりにつながる
- メディアへの露出で PR 効果がある
- 依頼するアーティスの選定が重要になる

プロトタイピング：ビジネス側とアーティストが対話し，新しいアイデアを次第に形にしていく

プロトタイピングは，第 3 章で取り上げたヤマハ株式会社が，アーティストの岩井俊雄とともに TENORI-ON を開発したように，ビジネスパーソンがアーティストと一緒に新しい製品やサービスの企画を考えて具体的な形にしていく活動です。企業は新しい企画や開発を行うさいに，コンサルティング会社やデザイン事務所などさまざまな外注先と協同しています。近年では，アーティストの想像力や実践力に期待して，これまでの外注企業と同じように商品開発をアーティストとともに取り組んでいる企業がみられるようになっています。

実践事例 8：Panasonic《AMP（Ambient Media Player）》　パナソニック株式会社では，アーティストの意見を反映させた機能性インテリアのプロトタイプを開発したり，コンテンツ・プラットフォームでアーティストの作品を提供したりしています。

　パナソニックが開発している機能性インテリア《AMP（Ambient Media Player）》は，一見するとたんに 4K 液晶パネルのモニターですが，そこに洗練された映像や音のコンテンツを映写することで，自宅リビングやホテルなどの居住空間にテレビとは異なる映像体験を演出する製品として注目されています。パナソニックでは，このデバイスの開発時点から，アーティストを交えて新たな映像体験の可能性を模索しながらプロトタイプ開発を重ねてきました（美術手帖 2017）。また，オリジナルのコンテンツを配信するプラットフォームの開発をさまざまな協力者とともに行っていて，ここでもアーティストと協業しています。パナソニックにとっては，提供されるアート作品が AMP に投影されることで，多様で魅力的なコンテンツとなっています。一方で，アーティストにとっては，この AMP が自分のアート作品を発表する場となり，さらに将来的には，

Panasonic《AMP（Ambient Media Player）》六本木アートナイトでの展示風景

エディションとして限定数量で作品を販売したりするプラット
フォームとして機能させることが計画されています。

─────「プロトタイピング」のポイント
- ● ビジネスパーソンとアーティストが対話し，価値観を共有する
- ● ビジネスとアーティスト側のスケジュール感を共有する
- ● アーティストのアイデアを実現できる技術力が必要

③ For：“アートのために”支える／応援する活動

　加藤（2018）は日本におけるメセナ活動の歴史を事例とともにひ
もとき，メセナ活動を社会的投資と位置づけてその性質を経済的な
投資と比較し，①投資の利益を自分が受けられるとはかぎらない，
②得られる利益はお金でないことが多い，③投資し続けても効果が
いつでるかわからないと述べ，経済学者ジェイソン・ポッツの言葉
「芸術文化への投資は，変化に対応するための投資である。過去の
繁栄を祝うのではなく，未来に対して投資する」を引用しています。
しかしながら，第6章でも述べたとおり，バブル期の日本における
メセナ活動のほとんどは，資生堂やセゾン，ベネッセのアートサイ
ト直島などの少数の事例を除いて，一過性のものが多く，1991 年

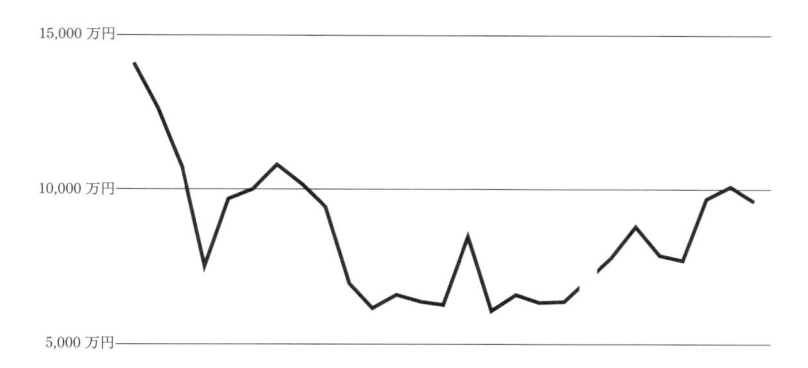

図 9-3 1 社あたりの平均メセナ活動費総額の推移
文化庁「2018 年度メセナ活動実態調査報告書」より作成。
※ 1. 2001 年度，2014 年度調査に調査対象母数の大幅な変更を行ったため，データの時系列比較には留意が必要である。
※ 2. 2010 年度分は調査未実施。

のバブル崩壊後の景気後退とともに急激にその規模を縮小してしまいました（図 9-3）。本書が考える「For（"アートのために"支える／応援する活動）」は，アートが持つ問題提起力，想像力，実践力，共創力を内在化しているビジネスパーソンが自らの信念に基づいて未来志向でアート・イン・ビジネスを実践する活動です。必ずしも短期的な見返りが期待できるものではなく，もしかしたら，次かまたその次の世代のために自発的に行われていくべきものです。確固とした信念のある活動は長期に持続し，企業にとって利益となる以上に，社員や顧客，さらに社会に対して貢献し良い効果をもたらします。

コレクション：すでに評価の定まったアート作品を収集するだけでなく，社会的な課題解決や未来志向が基盤にある

アーティストが創作活動を行うには，もちろん素材も必要ですが，

179

作品や機材を置いておくためにある程度の規模のアトリエも必要になります。特に，若手アーティストは多くの資金があるわけではなく，副業やアルバイトをしながら創作のための費用を捻出し，多くがギリギリの生活をしているといわれています。企業もしくは個人が，アートを購入したり制作資金を援助することで，それらのアーティストの創作活動を下支えすることができます。これらのコレクション／パトロナージュは基本的にアートへの純粋な支援ですが，以下で紹介する事例のように，アーティストを支援しアート作品をコレクションする活動が，社会に向けたメッセージとして企業の評価を高めることにもつながります。

実践事例９：石川文化振興財団《岡山芸術交流》　地元岡山のさらなる活性化のために次世代の作家や起業家を生み出すべく，芸術文化支援を行っています。

　earth music&ecology などのファッションブランドを展開する株式会社ストライプインターナショナルの代表取締役社長である石川康晴氏は，日本有数の現代アートコレクターとしても知られ，公益財団法人石川文化振興財団を立ち上げて文化・経済・教育への支援を行っています。岡山市で生まれ育った石川氏は，幼い頃から隣接する倉敷市にある大原美術館をたびたび訪れて文化と美術に触れる大切さを学び，それを守っていく地元企業の取り組みを知ったそうです。そして 2016 年に，石川文化振興財団，岡山市，岡山県ら行政，他団体など，岡山の力を結集し，岡山市内の廃校や美術館などを舞台に，世界に通用する質の高い国際現代美術展《岡山芸術交流 2016》を開催しました。アーティスティックディレクターにはイギリス出身の作家リアム・ギリック氏が迎えられ，国際色の強い芸術祭として高く評価されています。現代アートが持つ魅力を通じて子どもたちの想像力を刺激し，次世代の作家や起業家を生み出そうという理念から，地元の岡山に文化と教育の発信基地をつくり世界に羽ばたくアーティストやリーダーを育てていくことを目標にしているそうです。

石川文化振興財団《岡山芸術交流 2016》の展示の様子
Ryan Gander 《Because Editorial is Costly》 2016
© Okayama Art Summit 2016, Courtesy of the artist and TARO NASU, Tokyo, Photo: Yasushi Ichikawa

——————「コレクション」のポイント

- ● 社会的な課題解決や未来志向が基盤にある
- ● アートやアーティストに対する献身の精神が必要
- ● 長期的な取り組みが必要
- ● 企業姿勢を PR する効果がある

スポンサーシップ：スタートアップ企業から世界的大企業まで，ブランディングや企業 PR だけでない取り組みをしている

　メセナ活動や CSR 活動における典型がスポンサーシップです。企業がアートイベントに協賛や協力という名称で資金や機材などを提供する代わりに，広告宣伝やさまざまなタイミングで企業名が露出されます。スポンサーシップもたんなるプロモーション活動として実施するのではなく，企業の社員や顧客や地域に対して働きかける視点を持つことが重要です。

実践事例 10：ビズリーチ×ソフィ・カル　スタートアップ企業による，「新しい視点を持った才能」を探し出し企業成長を続けてい

渋谷スクランブル交差点での放映の様子（ビズリーチ×ソフィ・カル）

くためのアート支援です。

　サッカー W 杯やハロウィーンの期間には喧噪に巻き込まれる渋谷スクランブル交差点ですが，2019 年 2 月の深夜は，交差点を取り囲む街頭ビジョンに突如現れた海を主題にした映像が流れ，通りかかった人々は，とまどいつつも映像に見入っていました。1 週間の期間限定で深夜 0 時からの 1 時間に 4 面の街頭ビジョンに映し出されたのは，フランス人現代アーティストのソフィ・カルによる映像作品《Voir la mer 海を見る Shibuya Crossing by Sophie Calle》でした。このプロジェクトをスポンサードしたのは，人材領域を中心としたウェブサービスを運営するスタートアップ企業の株式会社ビズリーチです。2009 年に創業した同社ですが，変化の激しいインターネット業界において新規事業を連続的に創出し続けるために，アートが持つ「新しい視点で物事に意味を見いだす力」に着目し，その才能を持つ人々との距離を近づけていくためアート支援をしていくことを決めたとのことで，今回の深夜の渋谷スクランブル交差点のメディアジャックはその第 1 弾の取り組みだそうです。

実践事例 11：UBS ×アート・バーゼル　スイスを本拠地とする世界最大規模の金融機関 UBS Group AG は，世界最大級のアートフェア「アート・バーゼル」を協賛し，富裕層顧客へのウェルス・

マネジメント・ビジネスに活用しています。

　UBS は，多数のアートコレクションを保有するだけでなく，アート・バーゼルに 1994 年から協賛しています。アート・バーゼルは，6 月にスイスのバーゼルと 12 月に米国マイアミビーチ，そして 3 月に香港で毎年開催され，世界のトップギャラリーが一堂に会して数千点以上の作品を展示・販売しています。コレクターやアート・ディーラー，キュレーターなど，アート界の著名人を含む多くの人々が世界から訪れるため，UBS は得意顧客が休憩や商談をするための VIP エリアを設けています。ウェルス・マネジメントとは，富裕層の顧客に特化して，資産運用，財産や事業の承継，資本政策，資産運用などのアドバイスを含めた総合的な金融サービスを提供するもので，アート・バーゼルへの協賛は，このビジネスの一環という側面もあります。アートフェアで販売されている作品の購入やコレクション作品の査定，販売の相談にも応じており，これらも資産運用アドバイスに含まれているということができるでしょう。アートフェアへのスポンサーシップは，企業のブランディングや PR だけではなく，顧客との継続的な関係性づくりにも効果的な活動となっています。

——「スポンサーシップ」のポイント

● さまざまな規模の企業が取り組んでいる
● 社員や顧客，観客との関係づくりに寄与する
● 短期ではなく，長期的にサポートを続ける必要

アートアワード：ブランドイメージに大きく寄与する。特に，新たな市場での顧客開拓につながる

　アートアワードは，企業が主催する優れたアーティストを選出するコンペティションです。審査員がアート作品もしくはアーティストを選出し，賞金の授与や制作環境をバックアップする特典などが与えられます。アーティストは作品制作に多額の費用を必要とする場合があり，創作補助の一面も持っています。さらに，それ以上に賞を獲得することでメディアに露出されたり，美術館やギャラリーの展覧会で受賞アーティストの作品が展示され，多くの人たちに見

てもらう機会が増えることにつながります。以下の事例は，アートアワードが新進アーティストへの支援となる社会貢献に加えて，ビジネスにおいて新しい市場の開拓にもつながる取り組みです。

実践事例 12：《ヒューゴ・ボス賞》　ドイツを本拠地とする国際的なファッションブランドのヒューゴ・ボスが，1996 年から隔年で実施している《ヒューゴ・ボス賞》は，初年度に革新的なアートスタイルで注目されているマシュー・バーニーがいち早く受賞するなど，現代アートの若手の登竜門として世界的な注目を集めています。ヒューゴ・ボスは本国のドイツでは，ザルツブルク音楽祭などさまざまな文化ジャンルへの支援を行っていますが，当時のアメリカ合衆国でブランドの知名度が低いことが課題でした。そこで，北米でのブランドイメージ向上のため，特徴的なアートアワードを創設し注目を集めることにしたそうです。審査はニューヨークのグッゲンハイム美術館の館長などが行い，受賞者は同美術館で個展を開くことができます。ヒューゴ・ボス本社アートスポンサーシップの最高責任者は，消費者のヒューゴ・ボスに対するイメージについて「一般大衆の認識も，アート界の評価と同様です。このイメージは，ヒューゴ・ボスのブランドを世界的に好意的に反映させています」と述べています（ARTiT 2006）。

実践事例 13：野村ホールディングス《野村アートアワード》　日本企業が世界最高額の賞金を与えるアートアワードを創設しました。
　2019 年 3 月，野村ホールディングス株式会社が新たに《野村アートアワード》を創設し，「極めて優れた実績を有し，さらなる飛躍が期待される」アーティストに世界最高額となる 100 万ドル（約 1億 1000 万円）の賞金を与えることを発表しました。野村グループとアートのつながりは，創業者である野村徳七にまでさかのぼり，茶の湯を嗜み，能楽を支援し，文化・芸術のサポートにも力を注いだそうです。さらに，金融業界をとりまく経営環境が，少なからずこのアートアワードの創設に関係しているようです。近年，日本の金融業界でも海外の富裕層顧客とのビジネスが広がりつつあり，野村グループが中国やアジアをはじめとした海外市場でビジネスを行っ

ていくにあたって，世界で活躍するアーティストを支援するアート
アワードを創設することにしたようです。審査員にも，香港が威信
をかけて開業準備を進めている世界最大規模の美術館 M+（エム・
プラス）の副館長兼チーフキュレーターであるドリョン・チョン氏
をはじめ世界的なアートの有識者たちが就任しています。

─────「アートアワード」のポイント
● ブランドイメージに大きく寄与する
● 新たな市場でのビジネス開拓につながる
● 若手や新進アーティストの創作援助になる

6　固定観念を解き放つ存在としてのアート

　本章ではアートの内在化からアート・イン・ビジネスの実践のた
めに，問題意識を持つことから始まり，アートに出会って深く考え，
そうすることで培われるアートパワーを自分が関わるビジネスにお
いて事業構想などのテーマに結びつけ，実践していく過程について
説明してきました。また，実際にアート・イン・ビジネスを取り入
れている企業の実践方法の事例も，3 つのタイプ「With：“アート
とともに”ある／考える／交流する活動」，「By：“アートによっ
て”新しいしかけをつくる活動」，「For：“アートのために”支え
る／応援する活動」に分類してできるだけ多く紹介しました。
　ただし，アートパワーを内在化し実際のビジネスとして実践して
いく方法は，個人や企業の特性と置かれた環境などによって千差万
別で，唯一の方法や正解があるわけではありません。また，そのビ
ジネスを成功させる道のりにも，さまざまな環境要因や制約がある
と思います。しかしながら，我々が企業の取材を通して感じたのは，
何度も繰り返すように，ビジネスを実践する人たちがどれだけアー
トを内在化できているかが，その事業の長期的な成功や関わる人々
の満足に大きく関係しているという事実です。本書をお読みになっ
ているみなさんも，ここで紹介する手法のなかから，まずは行動を
起こして何かを始めていただき，試行錯誤しながら次第に自分に

合った実践の方法を模索していただければと思います。

参考文献

ARTiT（2006）「アートの支援者たち——The Hugo Boss Prize」（https://www.art-it.asia/u/admin_columns/vyqfs9m6pzxhiu17xl8w）。

美術手帖（2017）「アーティストと開発者がともに考える，映像体験の新たな可能性」2017/9/30（https://bijutsutecho.com/magazine/insight/promotion/7028）。

ビズリーチ（2019）「ビズリーチ協賛の映像作品が渋谷スクランブル交差点をメディアジャック」2019/2/4（https://www.bizreach.co.jp/pressroom/pressrelease/2019/0204.html）。

BMW「Art Cars」（https://www.bmwartcarcollection.com/）.

文化庁（2019）『2018 年度メセナ活動実態調査報告書』。

ドイツ銀行「アートを活かす」（https://japan.db.com/jp/content/4533.html）。

Guggenheim「HUGO BOSS PRIZE」（https://www.guggenheim.org/hugo-boss-prize）.

Hagtvedt, H. and V. M. Patrick（2008）"Art and the brand: the role of visual art in enhancing brand extendibility," *Journal of Consumer Psychology*, 18（3）, 212-222.

Hagtvedt, H. and V. M. Patrick（2011）"Turning art into mere illustration: concretizing art renders its influence context dependent," *Personality Social Psychology Bulletin*, 37（12）, 1624-32.

Journal of Business Research（2018）"The arts as sources of value creation for business: Theory, research, and practice," *Journal of Business Research,* 85.

加藤種男（2018）『芸術文化の投資効果』水曜社。

Kirscha, L. P. et al.（2016）"Shaping and reshaping the aesthetic brain: Emerging perspectives on the neurobiology of embodied aesthetics," *Neuroscience & Biobehavioral Reviews,* 62, 56-68.

Lacey, S. et al.（2011）"Art for reward's sake: visual art recruits ventral striatum," *NeuroImage*, 55（1）, 420-433.

日本経済新聞（2016）「オフィスに現代アートを——文化支援でビジネ

ス活性化」2016/2/5（https://www.nikkei.com/article/DGXMZO
96865470T00C16A2000000/）。

野村ホールディングス「野村アートアワードの創設について」2019/3/20
（https://www.nomuraholdings.com/jp/news/nr/holdings/20190320
/20190320_a.pdf）。

岡崎大輔（2018）『なぜ，世界のエリートはどんなに忙しくても美術館
に行くのか？』SB クリエイティブ。

岡山芸術交流（http://www.okayamaartsummit.jp/）。

パナソニック「AMP（Ambient Media Player）」（https://gccatapult.
panasonic.com/ideas/amp-world.php）。

戸田建設（2019）「京橋一丁目東地区の街区名称を『京橋彩区』に決定」
2019/3/28（https://www.toda.co.jp/news/2019/20190328.html）。

UBS「UBS とアート。その幸福な関係」（https://www.ubs.com/content/
dam/static/jp/wm/perspectives/vol20/p1.html）。

Web 電通報（2016）「アートを，注文する。――企業とアートの関係を
革新するプロデュース（前編）」（https://dentsu-ho.com/articles/3609）。

ヤノウィン，フィリップ（2015）『どこからそう思う？ 学力をのばす美
術鑑賞――ヴィジュアル・シンキング・ストラテジーズ』京都造形芸
術大学アートコミュニケーション研究センター訳，淡交社。

Column 02　アートとビジネスの切っても切れない関係

塩見有子
AIT 理事長

　ここ数年，アートとビジネスに関する質問を多く受けるようになりました。そのほとんどは，アートはビジネスに「どのように」役に立つか，というものです。

　そもそもアートはビジネスの役に立つのでしょうか。少し前までは，アートとビジネスは切り離して考えたほうが良いものとされていました。というのも，アートのように個性が強いものは「最大公約数」を指向する傾向にあるビジネスに向かないし，ビジネスのようにマーケティング・ベースの思考は固有性重視のアートと真逆にあるといわれてきたからです。それは今でもある意味で的を射ています。では，なぜこれまで水と油のように扱われて来た両者が，混ぜると見たこともない美しい模様が描かれるかのように言われはじめたのでしょう。

　私が，AIT（Arts Initiative Tokyo）という非営利団体を仲間とともに設立し，現代アートの学校 MAD を立ち上げてから，もうすぐ 20 年になります。講座のプログラム編成は，社会のムードとともに変化し，ある時期からビジネスパーソンのニーズを意識するようになりました。2001 年の立ち上げ当初は，鑑賞者とキュレーターの育成を主として講座を企画していたのが，2012 年頃からアート界やそのしくみ，ビジネスとの結びつきを探る講座を提供するようになり，20 〜 30 代の女性が多かった受講生も 30 〜 60 代まで幅広い層の男性が目立つようになりました。彼らの多くは，自らの仕事にアートの思考を取り入れること，あるいは新規事業の立ち上げを視野にいれた受講で，その背景には「自分の業界には新しいアイデアが枯渇しているから」あるいは「アートには物事の本質のエッセンスがつまっているから」という

問題意識がありました。本書のなかに登場する女性たちも実はこのMADの修了生で，それぞれのアートに対する個人的な想いをもって受講し，新しいネットワークをつくり，紆余曲折しながらも会社のなかで実践に移しました。

　さて，アートとビジネスがこれまでになく近づいた今，アートがビジネスの役に立つかと聞かれれば，「役に立つとも言えるし，立たないとも言える」となんとも曖昧な答えをすることになるでしょう。身もふたもないと思われるかもしれませんが，アートが新たな視点を与えてくれるという「役割」だけを取り出して考えれば，たしかにイノベーションにつながるという論理を導き出せます。でもだからといって，わかりやすい効用が見えるわけでもないし，ましてや売り上げに直結するわけではありません。

　ここで問いを変えて，ビジネスにおいてアートにできることは何か，と考えてみます。アートとビジネスが良好な関係を結ぶときのヒントはどこにあるのでしょう。

　「アートは難しい（だから興味がもてない）」は，よく聞く言葉です。それに対して，私を含めてアートの面白さを伝えたいと思う側の人間は，「アートには答えがない」のだからまずは「どんな感じ方，意見でもいいですよ」と続けます。確かにこれは正しい。では「アートには答えが無数にある」としてみるとどうでしょうか。一枚の絵や写真，インスタレーションを見るとき，それらを見て観察する前には明らかに存在していなかった感覚や考え，意識が，自然と身体のなかから生まれてきます。細胞レベルでの反応があります。あるいは時間がたってからでも，じわじわと自分のなかにいわゆる「答え」の輪郭が現れてくることもあります。最初は直感的な反応かもしれませんが，さらに進んで，作品を美術史，世界史，社会状況などの文脈で読み解いていく，自分の記憶や経験などの個人史とつなげて見直すと，またどんどんと新しい答えが，それこそ無限に広がっていきます。観察力を磨いて感覚的に物事をとらえる力と，文脈を読み取り論理的に思考する力とが，バランスよく交錯する至福の瞬間の到来です。ビジネスでいうところの「ゼロイチ」と通じるものがあるかもしれませんが，アートにおいては自分のなかでの答えの生成に終わりはありません。

　さらにアートは，作品の好き嫌いをいい加減に考えていいものだとも言えます。「いい加減」と言っても，なぜそれが好きか（嫌いか），気になったか（苦手か）くらいは言えるほうがいいですが，それがまったく変わってしまう可能性を秘めているということも同時に知っておくべきです。「あの（作家の）作品はどうしてもわからない，受け入れられない」と強く感じていたものが，時が経ち自分自身も成長し，さまざまな見方や考え方が身についてくると，あるとき突然「意外と面白いかも」に変わる瞬間があります。そう考えると，アートは自分の心の状態や変化を映し出す鏡と言えるかもしれません。

　私の同僚のロジャー・マクドナルドが MAD の講義のなかで参照していた「ネガティブ・ケイパビリティ」は，それを考えるうえで有効な言葉かもしれません。イギリスの詩人ジョン・キーツ（1795-1821）が使った言葉で，日本語では「消極的受容力」とも訳されます。否定的に捉えて受け入れられない事柄に対して即時的に拒絶反応を起こす，あるいは論理的解決策を探るのではなく，わからないままにしておく力のことを指すものです。帚木蓬生氏の書籍（『ネガティブ・ケイパビリティ』朝日新聞出版，2017 年）では，これを「宙ぶらりんの状態を回避せず，耐えぬく能力」と紹介していて，その先にこそ物事の発展的な深い理解を得ることができるといいます。

　100 の答えがあるから多様なのではなく，100 の「異なる」答えを肯定しあえるときに多様な状態が実現するのだと思います。そしてアートは，その多様な声を生み出す装置であると考えると，いざというときにサバイブできる見えないツールになるでしょう。

10

アート・イン・ビジネスが未来を描く

キーワード

内在化

アートパワー

属人的

本書の最後となる第10章では，これまでのまとめに加え，アート・イン・ビジネスの未来，そしてアート・イン・ビジネスが社会に広まっていくことで期待される日本の未来について，少しだけ議論を深めたいと考えています。

1　ミクロな目線で未来を描く

　本書の冒頭でも触れたとおり，日本におけるアートとビジネスの関わり方には，長い変遷の歴史があります。1960年代から70年代にみられたアートに対して企業がパトロナージュやメセナ活動を通して関わる「モノ」としてのアートとの関わりにはじまり，80年代から90年代の企業がアートをブランディングに用いる「コト」としてのアートへの関わり，そして企業がアーティストと共創したり，アーティストの思考法を取り入れようとする「ヒト」としてのアートの関わりへと，アートとビジネスの関係性はシフトしてきて

いると考えられます。そこには，ビジネス側が，一方的にハード面としてのみアートを取り入れることへの反省や，アートの持つ中長期的な時間軸と，ビジネスの事業評価にみられる比較的短期的な時間軸とのすり合わせなどから得られた経験的な感覚などが反映されていると考えられます。そして，今，ビジネスとアートとの「ヒト」としての関わりが求められる時代において，私たちビジネスパーソンに求められるのは，アートを「内在化」することであると我々は考えています。

　本書の第Ⅰ部で事例として取り上げたケースにおいては，株式会社スマイルズにおける遠山正道氏や，マネックスグループ株式会社における松本大氏といった経営者だけではなく，アクセンチュア株式会社における石村真理絵氏などの一社員も，アートを内在化させることで，これまでにないビジネス上での動きを創出し，ビジネスにおけるアートの新しい価値を生み出してきたと考えられます。

アートを内在化する

　そもそも社会心理学の領域でいわれる「内在化」とは「他者による思考や意思の表出／表現を，自分の心や頭のなかに取り込み，自分のものとして捉えること」であるのですが，それではいったい「アートを内在化する」というときの「アート」とはどういったものを指すのかについて，すこし振り返ってみたいと思います。第7章で述べたとおり，アートのベースには，アートの歴史／世界の歴史を参照したうえで生み出されるアーティストの表現があり，そこにアーティスト以外の社会／世界からの解釈が加わることではじめてアートが成立するという流れがあります。何気なく「解釈が加わる」と言葉にしていますが，ここで注目していただきたいのは，実はアーティストは，あらかじめ社会／世界からの解釈の多様性を受け入るための「余白」を残したかたちで作品を提示しているという点です。

★1　さらに「内在化」を通じて，表現されたもののベースとなる他者の世界観や価値観，さらに他者の感情などをも自分のものにできると考えられる。

　アーティストがアートを生み出す力を本書においてはアートパワーと名づけていますが，このアートパワーには，まずアーティストが作品を通して，この広い社会／世界に対する違和感からなんらかの問いを投げかける問題提起力，そしてそこから作品を着想しかたちにしていく流れにおける想像力，実践力，さらに作品を世界にアウトプットしたうえでその価値を生み出していく共創力という，大きく分けて4つの力が含まれています。実は，共創力を働かせることの背景には，そこまでの問題提起力，想像力，実践力を結集してかたちづくった作品に余白を残しておくことが必要となってくるのです。そして，そのアートパワーを，私たち一人ひとりが内在化することこそが，これからのビジネスシーンにおいてきわめて重要になってくると我々は考えています。ビジネスに向き合うときに，一人ひとりの個性を消すことを目指すのでなく，自分の内から生まれてきたアートパワーによって，必然性をもって自分らしくビジネスをかたちにすることができれば，自然とそこに社会や世界に対して余白を提示することが可能となり，そこからまた新たな価値が創出されるのではないかと我々は考えています。

属人的にビジネスする

　実は，本書において取り上げたアート・イン・ビジネスの事例について検討するなかで，当初はこれらの事例自体が「属人的なものである」との批判を受けるのではないかと危惧していた時期もありました。しかし事例の分析を進め，アート・イン・ビジネスの枠組みについて思考を重ねるうちに，まさに属人的な要素こそが，アート・イン・ビジネスにおいて必要なのではないかとの考えにいたりました。

　属人的であることは，ビジネス一般において，あまりよいことだとはいわれていません。それが情報や顧客の囲い込みや，権限の独占につながるというイメージがあるからです。しかし，我々がここで述べている「属人的」であるということが意味しているのは，けっして何かを囲い込んだり独占したりするということではありません。一人ひとりのビジネスパーソンが，自分自身の価値観をもって世界を捉え，想いをめぐらすことで感じ取ったエッセンスを，

個々人がビジネスという形で実践し，かたちにすることこそが，なぜ自分がこの仕事をしているのかという必然性を持つことにつながり，それこそが自身の強度／価値につながるという一連の流れを「属人的」であることの本質であると考えているからです。

　アーティストがアートを生み出す力，つまりアートパワーを内在化させたビジネスパーソンが，ビジネスというフィールドで，属人的に新しい動きを起こし，そこからビジネスにおける新たな価値の創出を担うことこそが，アート・イン・ビジネスの未来なのではないかと我々は考えています。

2　マクロな目線で未来を描く

　ここまでは，一人ひとりのビジネスパーソンがアートパワーを内在化することから生まれるアート・イン・ビジネスの未来についての話でしたが，最後に少しマクロな視点からのスケッチを描いてみます。

　マクロな視点といっても，その起点となるのは，読者のみなさんを含む一人ひとりのビジネスパーソンです。本書の第 9 章で触れたようなさまざまな手法によって，アート作品に触れ，アーティストに触れ，その思考法や世界観を追体験することを通して，日本のビジネスパーソンがアートパワーを内在化させていき，さまざまなスケールで，さまざまな分野において，多様な形態でのアート・イン・ビジネスが社会で実現されていくことを我々は期待しています。そうなることで，アートとビジネス，もしくはアーティストとビジネスパーソンという言葉の持つイメージの境界が少しずつ曖昧になり，フラット化され，パターン認識的に捉えられがちな両者の記号的意味の垣根が崩れ，ともに手を携え，社会／世界を共創していくことができる，そして新しい価値を創出していくことができるのではないかと考えています。

　そこには，性別，年齢，学校，職業，務め先，住んでいる場所などで人々が区切られ，価値観を共有できにくくなることから生まれるさまざまな分断や，それに伴う問題，そのことにより行き場のな

くなるアイデンティティによって引き起こされるたくさんの悲しい出来事が起こりにくくなる，今よりあたたかで豊かな世界が拡がっている，そのようなヴィジョンを我々は描いています。

アート・イン・ビジネスの未来スケッチ

　最後に，我々の考えるアート・イン・ビジネスを俯瞰するスケッチを実際にお示しします。巻末に掲載したカラーイラストをご覧ください。こちらのスケッチをもとに，読者のみなさんに，我々の描くアート・イン・ビジネスの未来を少しでも具体的にイメージしていただくことができれば，本書の目的を果たしたものと我々は考えています。

　ひとりのアーティストが，社会／世界に対峙するところからストーリーは始まります。私たちの生きるこの世界で，アーティストも生活しています。さまざまなことを感じ，世界のさまざまな出来事やしくみ，人々のありさまを観察するなかで，疑問が湧き，どういうことなのだろうかと考えはじめます。目の前に横たわる社会／世界への違和感に対して，問いを投げかける行為として，アーティストはアート作品をつくります。それは，必ずしも美しい色合いや，優美なフォルムという要素だけから成るものではないかもしれません。しかしアーティストは，そのアート作品を，世の中に提示します。それを観る私たちに対して，どのように解釈してほしいとか，どういう意味のある作品である，などという断定的な言葉はいっさい添えず，余白を残し，オープンエンドの状態でバーンとまな板の上に作品をのっけるイメージです。

　今度は視点が鑑賞者である私たちに移ります。鑑賞者であるビジネスパーソンは，アート作品を観ることで，作品を通して，アーティストの目線を通して自分たちの生きる社会／世界を感じます。そんなふうな物の見方があったのか，新しい世界観や価値観に気づかされ，少しとまどいつつも，なんだかひとつ新しい世界の見方を知ること，自分自身のページを1ページ増やしてくれるような体験が，自分にとって価値のあることなのではないかと，感じるようになります。アート作品やアーティストと触れあううちに，段々とアーティストがアート作品をつくる源泉であるアートパワーが，自

分のなかに根づいてくるのを感じます。自分自身の目で世界を捉え，そこでビジネスをしている自分を位置づけて考えるようになっていきます。なぜ自分がこの仕事をしているのか，自分の生きている社会／世界において，自分がビジネスとしてできることにはどのような可能性があるのだろうか。たくさん考えます。そして，自分の目の前にある仕事を，まるでアーティストがアート作品をつくるように，自分自身の言葉で紡ぎ出していきます。結果的に，彼・彼女のビジネスは，まるで彼・彼女のつくった作品のようなものだと自身だけでなく，周りのビジネスパーソンも気づくようになります。

アートの目線を獲得する

　ここで，視点がまたまた移動します。今度は，まるでアーティストがアート作品をつくるように仕事をする「彼・彼女」のビジネスを目にしたビジネスパーソンの視点です。それは，同じ企業にいる，もしくは同業他社にいる，それともたまたま何かのセミナーで知り合った「彼・彼女」なのかもしれませんが，ビジネスを通して「彼・彼女」を知ったビジネスパーソンの視点です。「彼・彼女」の仕事を通じて，「彼・彼女」がどのように世界を捉えているのか，どのような視点でビジネスしているのかについて想いを致し，次第に「彼・彼女」のように自分自身に必然性のある仕事をしたいと思うようになります。与えられた仕事をするのでなく，コトの大小は問わず，自分自身でビジネスをつくりだすイメージです。あるいは，ビジネスを通して，今このとき自分が生きる世界にアプローチしようとすることなのかもしれません。そんなビジネスパーソンが徐々に増えていくと，企業／組織自体も変わっていきます。企業／組織の意思決定の構造が変わるかもしれませんし，企業／組織全体としてのヴィジョンを見直すことにつながるかもしれません。もしかしたら，企業／組織自体の統廃合が進んだり，その動きが一企業／組織の枠を越えて，業界の再編につながることもあるかもしれません。なぜ，その企業／組織がビジネスをするのか，そもそも何のために企業／組織が存在しているのか，そんなことを企業／組織自体が自問自答するようになった結果，企業／組織の全体として行うビジネス自体に必然性が宿ります。なぜ，この企業／組織が，このビジネ

スをしているのか，そこには必然性があるんだと，その企業／組織の内部にいる人たちだけでなくて，周りの企業／組織ひいては社会を構成する多くの人々が感じるようになります。そうか，企業／組織って，私たち社会のために存在しているんだった。そんなふうに社会全体が気づくようになるのです。

　最後の視点は，社会で暮らす人々の視点です。自分たちの周りにある企業／組織について思いを馳せます。あの企業は，私たちのこんな未来を実現するために活動しているんだな。あの組織は，世界がこんなふうになっていくと考えているから，こんなもの／サービスをつくっているんだな。なるほど，あの企業がこんなものをつくっているということは，世界はこんなふうになっていくんだろうな。人々は，みな自分自身の視点で物事を考え，想像力をめぐらせるようになります。そして自分たちの前に広がる，無限の可能性に気づきます。そのすべての選択を委ねられているのは，実は，いまを生きる自分たちなのだと気づくのです。

　そのような変化が起きたころ，またアーティストが社会／世界を眺めて想いをめぐらせます。そしてアーティストはアート作品をつくり……そう，このストーリーは永遠に続いていくのです。私たちの人生は限られています。ひとりの人間にできることには限りがあります。でも，一人ひとりが少しだけ世界の見方を変えてみるだけで，世界のしくみが変わるとしたら，それは連綿と引き継がれ，時間を超えて大きな価値を創造する可能性を生むのです。

3　アート・イン・ビジネスが描く未来へ

　アートには，現代社会にとって大きな価値をもたらす力が宿っています。アーティストは，いま私たちがビジネスをしているすぐ横で，実際に大きな世界に向きあい，「アートパワー」を働かせ，想像力をめぐらせています。私たちビジネスパーソンが，ほんの少しだけ勇気を持ち，今まで知らなかったアートの世界に目を向けることから，すべてが始まると我々は考えています。

　日々ビジネスに向きあうなかで，目の前に提示された情報のみに

目を奪われるのでなく，私たち，もしくは私たちの働く企業が活動するこの世界の未来が5年後，10年後，30年後，100年後どうなっていくのかについて想像力をめぐらせ，リソースを投下すべきイシューを自身の感覚で見出し，それらを言語化し，周囲を巻き込みながら共創的に，実践力をもってビジネスにあたっていくことは，これからのビジネスパーソンに求められる資質となると考えています。そして，そうしたミクロレベルでのアート・イン・ビジネスの実践こそが，これから先の未来におけるマクロレベルでのアート・イン・ビジネスの社会実装のためには不可欠であるのです。

あとがき

アートとの出会い

　本書を手に取っていただいた方々は，「現代アートは難しくてわからない」とか，「どうやって楽しんだらいいのかわからない」といった印象を持っていらっしゃるかもしれません。私自身も，美術や美学の専門教育を受けたことはなく，学生時代に情報誌『ぴあ』（2011 年 7 月に雑誌版は休刊してしまいましたが）を参考に，ときどき美術館やギャラリーに出かけて展覧会を鑑賞するていどの現代アートとの関わりしか持っていませんでした。自分では，映画や音楽が好きなのと同じように，現代アートも好きなのかなと漠然と考えていたとき，本書の執筆陣「美術回路」のリーダーである若林さんと，当時，東京都現代美術館のチーフ・キュレーターであった長谷川祐子氏とがビジネスパーソン向けに 2013 年に開催したトークショーを聞きました。振り返ってみれば，これが私がアートと深く関わり，また本書を執筆するきっかけになりました。

　そのトークショーでは，現代アートの歴史に触れるとともに，今まさに第一線で活躍しているアーティストたちの作品を取り上げ，それらが問いかけていることとは何か，という話題におよびました。それは受け手である私たちの価値観の土台を覆すようなものであり，社会に対して多様な考え方やコンセプトを提示しているということを，ていねいに解説していました。それを聞いた当時の私は「アーティストってすごいな」とただ単に感嘆するしかなく，アートに対する認識をあらたにした瞬間でした。

アートに関わりたい

　そのトークショーの後すぐに，「現代アートに関わって何かをしたいです」と若林さんに連絡をとったところ，私と同じような社員がたくさんおり，それらのメンバーによって美術回路という有志の集まりが始まりました。とはいえ，アートには素人のメンバーが多

く，最初は現代アートについて学ぶためにアーツイニシアティヴトウキョウ［AIT］の講義を聴きに行ったり，青山｜目黒などのギャラリーやアートフェア東京を訪問したり，さらにアートに関して先端的な取り組みを行っているビジネスパーソンにお話を聞きに行くなどしていました。また同じころ，メンバー自身がビジネスで培ったスキルを生かして，社会貢献活動として東京都現代美術館の企画展の広報をお手伝いしたり，「MOT ガイド」という展覧会ガイドのアプリを制作するといった活動も行いました。これらの経験を経ていくなかで，「アートとビジネスのより良い関係はどのようなものなのか？」という問いを，メンバーが集まるたびに議論するようになっていきました。

アートとビジネスの関係づくり

しかしながら，ビジネス側に身を置く我々メンバーがアートと関わっていくにあたり，さまざまな課題や困難にも直面しました。我々の考えや取り組みに対する周囲の反応は，アートはわかりにくいとか，アートはビジネスにとってどんなメリットがあるのか，そもそもなぜアートなのか，など，ビジネスとして進めていくうえで，何重ものハードルを越えていかなければなりませんでした。このような経験から，読者のみなさんが「ビジネスにおいてアートに関わる何かをしたい」というとき迷わないように，少しでも手助けになればという思いを込めて本書を執筆しました。

本書の第Ⅰ部で取りあげているアートとビジネスとの新しい関係を構築して成功している企業の事例を読んでいただければ，自分たちもこのような活動をやってみたい，このような企業にしていきたいとモチベーションを高めていただけると確信しています。また，それらの事例観察や定量調査データから得られた本書が提案する「アート・イン・ビジネス」のフレームワークは，具体的な戦略や施策を策定していくときに指針となると考えています。

まずアートを内在化する

本書で最も強調しているのが，「アートの内在化（アートパワーが私たち個人の思考や感性に何らかの影響を及ぼしている状況）」です。簡単

に言い換えれば，アートに触れる体験を通して，多様な考え方や視点が自分自身の血肉となり，それらを自分の指針にして考えたりアクションを起こしたりができるようになるということです。アートと出会い，そして内在化していく方法は人それぞれです。

　本書の第Ⅱ部では，具体的なきっかけづくりの方法などを取りあげていますので，参考にしてみなさんにアートを内在化していってもらいたいと思っています。しかしながら実は，アートにかぎらず，本を読んだり旅行をしたりして，多様性を学んだり，視野を広げる経験を積んでいくことでも同様のことが可能だと考えています。著者である我々にとっては，たまたま現代アートが，最も心の琴線に触れ，関わりを深めていく対象になったにすぎなかったということです。みなさんが，それぞれ興味をもつモノを探求して内在化していき，そしてそのことをビジネスのなかでぜひ実践してみてください。

アートはビジネスだけでなく，社会につながる

　さらに本書では，アートを内在化するということが，個人の体験を越えて企業や組織へとその効果を広げていくことを検証しました。ケーススタディや実践事例として取りあげた企業や組織は，それらの成功モデルとなっています。人間はひとりでは生きていけません。それは経済的に，そして精神的にも他者や社会とのつながりが必要だからです。したがって，必然的にビジネスにも社会的な視点が必要であり，社会との関わりを意識することが成功につながるという側面もあります。これは，アーティストが，常に鑑賞者である社会を意識し対話することで作品を創造していることと同じだと言えます。我々は，アート・イン・ビジネスが，企業や組織の枠を越えて，さまざまなコミュニティ，そしてさらに社会のなかに浸透していく未来像を思い描いています。

　本書の執筆には，多くの方々のご協力をいただきました。まず，アート・イン・ビジネスの事例ヒアリングにご協力いただいた皆さま，本書での掲載順に寺田倉庫の是川泰之氏（TERADA ART ASSIST 代表取締役），元ヤマハの西堀佑氏と神谷泰史氏，マネックス・グ

ループの松本大会長，元アクセンチュアの石村真理絵氏，スマイルズの遠山正道社長には，お忙しいところにもかかわらず，ていねいに取材に応じていただき，また従業員の方々への定量調査にもご協力いただき，より深い事例研究を行うことができました。あらためて感謝を申し上げます。

　また本書は，できるかぎり多くの写真や図表を使って，わかりやすい表現をするように心がけました。写真や図表の使用を許諾していただいた皆さま，特に，10章で「アート・イン・ビジネスの未来スケッチ」を制作いただき，巻末に作品を提供いただいた加茂昂さん，すばらしい装丁をデザインしてくださった磯谷博史さんとROWBOATの間宮洋一さん，見やすい図案デザインをしていただいたシアンの瀧上園枝さんに感謝いたします。

　最後に，本書を2020年の東京オリンピック前に出版したいという執筆陣の目標のために，迅速に編集作業を進めていただいた，有斐閣の四竈佑介さん，柴田守さんにお礼申し上げます。

　　　2019年11月吉日

　　　　　　　　　美術回路メンバーを代表して　大西浩志

事項索引 ————————————————

人名索引 ——————————————

世界

アート
作品

見る

アーティスト

・問題提起
・想像力
・実践力
・共創力

つくる

・アート作品を見る
・アート作品を通して
アーティストを見る
・アーティストを通して
世界を見る

アートパワーを
内在化する

ビジネスパーソン

ビジネス

・問題提起
・想像力
・実践力
・共創力

ビジネスパーソン

見る

アートパワーを
組織として
内在化する

世界

見る

・問題提起
・想像力
・実践力
・共創力

ビジネス

見る

企業/組織

アート・イン・ビジネスの未来像

「絶望と希望のあいだに道をさだめて僕は歩く」（2013）

加茂昂

素材：油彩，キャンバス　サイズ：1940×1620mm

Courtesy of LOKO Gallery

アート・イン・ビジネス──ビジネスに効くアートの力
Art in Business

2019 年 12 月 15 日 初版第 1 刷発行
2020 年 3 月 10 日 初版第 2 刷発行

編　者	電通美術回路
発行者	江　草　貞　治
発行所	株式会社 有　斐　閣

郵便番号 101-0051
東京都千代田区神田神保町 2-17
電話 (03)3264-1315〔編集〕
　　(03)3265-6811〔営業〕
http://www.yuhikaku.co.jp/

装幀・磯谷博史
印刷・萩原印刷株式会社／製本・大口製本印刷株式会社

©2019, Bijutsukairo, Hiroyasu Wakabayashi, Hiroshi Onishi,
Yuki Wasano, Takuma Uehara, Naruki Higashi. Printed in Japan

落丁・乱丁本はお取替えいたします。

★定価はカバーに表示してあります。

ISBN 978-4-641-16558-8